全国老年大学统编教材

老年人

围棋
教程

谢少博　孙冠群　编著

人民邮电出版社

北京

图书在版编目（CIP）数据

老年人围棋教程 / 谢少博，孙冠群编著. -- 北京：
人民邮电出版社，2023.9
ISBN 978-7-115-61946-4

Ⅰ．①老… Ⅱ．①谢… ②孙… Ⅲ．①围棋—教材
Ⅳ．①G891.3

中国国家版本馆CIP数据核字(2023)第119257号

免 责 声 明

作者和出版商都已尽可能确保本书技术上的准确性以及合理性，并特别声明，不会承担由于使用本出版物中的材料而遭受的任何损伤所直接或间接产生的与个人或团体相关的一切责任、损失或风险。

内 容 提 要

本书是专为老年朋友编写的围棋教程，共分为七章：第一章介绍了围棋的基础知识，包括棋子的气、禁入点、两眼活棋以及打劫；第二章详细介绍了基础的行棋方法，涵盖了分断与连接、长气与紧气、 提与不提等内容；第三章则着重介绍了基础的吃子方法，包括双打吃、门吃与抱吃、征子以及枷吃等技巧；第四章讲解了基础的对杀技巧，包括同气对杀和有公气的对杀；第五章解释了围棋的胜负规则，涵盖了目的概念、完整的领地以及终局计算中的数子法；第六章介绍了围棋布局，包括子效、金角银边草肚皮、守角与挂角、拆边、分投、星位小飞定式等布局策略；最后一章详细讲解了基础死活问题，包括如何做眼活棋、破眼杀棋、活棋常形、死棋常形、聚杀以及双活。全书避免使用过多专业术语，采用简明易懂的语言，使老年朋友能够轻松地理解围棋入门知识，在围棋的世界中畅享乐趣。

本书适合初学围棋的老年朋友阅读，对有一定围棋经验的老年朋友也具有参考价值。

◆ 编　　著　谢少博　孙冠群
　　责任编辑　裴　倩
　　责任印制　彭志环

◆ 人民邮电出版社出版发行　　北京市丰台区成寿寺路 11 号
　　邮编　100164　电子邮件　315@ptpress.com.cn
　　网址　https://www.ptpress.com.cn
　　天津翔远印刷有限公司印刷

◆ 开本：787×1092　1/16
　　印张：8.5　　　　　　　　　2023 年 9 月第 1 版
　　字数：95 千字　　　　　　　2023 年 9 月天津第 1 次印刷

定价：38.00 元

读者服务热线：**(010)81055296**　印装质量热线：**(010)81055316**
反盗版热线：**(010)81055315**
广告经营许可证：京东市监广登字 20170147 号

全国老年大学统编教材
编委会

老年人体育活动指导系列图书
编委会

总序

  由中国老年大学协会组织编写的全国老年大学通识课程教材即将面世，这是我国老年教育和老年大学发展史上一件具有开创性意义的举措。

  我们国家的老年教育，在党和政府的高度重视以及社会各界的广泛参与下，适应了老龄社会发展和老年群体需求，一直保持着健康快速的发展态势，并逐步取得了令世人瞩目的巨大成就。党的十八大以来，习近平总书记多次发表重要讲话，指出人口老龄化事关国家发展全局和亿万百姓福祉。强调要坚持党委领导、政府主导、社会参与、全民行动相结合，推动老龄事业全面可持续发展。党中央、国务院陆续公布实施的《老年教育发展规划（2016—2020 年）》《老龄事业"十三五"规划》《加快推进教育现代化实施方案（2018—2022 年）》等重要文件，对做好老龄工作、发展老龄事业做出了新的重大部署，对老年教育发展制定了明确的规划，有力地推动了我国应对人口老龄化的全面工作。目前我国老年教育的发展和老年大学的工作，已经呈现出党政主导、社会参与、多方支持的大好局面。

  中国老年大学协会作为国家民政部所属的社会组织，自 1988 年 12 月成立以来，认真贯彻落实党和政府关于老年教育的方针政策，充分发挥桥梁纽带和凝聚作用，广泛联系各地老年大学、老年学校，大力宣传"增长知识、丰富生活、陶冶情操、促进健康、服务社会"的老年大学办学宗旨，促进各地老年大学、老年学校在办学原则、培养目标、专业设置、课程安排、学校管理等一系列重大办学方向问题上统一思想，形成共识，对我国老年教育事业的巩固与提升，发挥了导向性的作用。特别是积极贯彻党的十八大、十九大精神，落实新时代老年教育规划目标任务，组织老年大学认真学习习近平新时代中国特色社会主义思想，探讨老年教育发展的新机制和新路径，开创老年教育发展的新格局，推动老年大学工作迈上了一个新台阶。协会自身发展也进入了一个新阶段。

建立并逐步完善科学、适用、可行的老年大学特色课程体系，设计、构建与社会发展大环境相匹配的具有老年大学特色的通识教材，是中国老年大学协会一直坚持的目标，也是众多老年大学、老年学校一致的企盼。首批五本通识教材——《树立和培育积极老龄观》《新时代老年大学校长读本》《老龄金融》《老年健康教育与管理》《老年人权益保障法律实务》——从选题立意到内容编排，都体现出创新意识和独特见解，令人耳目一新，为之一振。希望老年同志们从中汲取营养，幸福地度过晚年；希望中国老年大学协会再接再厉，为老年人做出应有的贡献！

顾秀莲

2020 年 8 月

序

近年来，随着老年人口数量的不断增大，我国陆续发布了《"健康中国 2030"规划纲要》《关于促进养老托育服务健康发展的意见》《全民健身计划（2021—2025 年）》《"十四五"国家老龄事业发展和养老服务体系规划》《"十四五"健康老龄化规划》等政策文件，以引导和促进实现积极老龄观和健康老龄化。这些政策文件中指出了可通过指导老年人科学开展各类体育健身项目，将运动干预纳入老年人慢性病防控与康复方案，提供文化体育活动场所，组织开展文化体育活动等措施支持老年人参与体育健身，丰富老年人的精神文化生活，全面提升老年人的身心健康水平与生活品质。

与此同时，作为我国老年人教育事业的重要组成部分，老年体育教育承担着满足老年人的体育学习需求，丰富老年教育的内容和形式，以及不断探索老年教育模式的责任，可长远服务于积极应对人口老龄化、实现教育现代化和建设学习型社会。

在上述背景下，人民邮电出版社有限公司作为建社 70 周年的综合性出版大社，同时作为全国优秀出版社、全国文明单位，围绕"立足信息产业，面向现代社会，传播科学知识，服务科教兴国，为走中国特色新型工业化道路服务"的出版宗旨，基于在信息技术、摄影、艺术、运动与休闲等领域的领先出版资源、经验与地位，策划出版了"老年人体育活动指导系列图书"（以下简称本系列图书）。本系列图书是以指导老年人安全、有效地开展不同形式体育活动为目标的老年体育教育用书，并且由不同体育领域的资深专家、学者和教育工作者担任作者和编委会成员，确保了内容的专业性与科学性。与此同时，本系列图书内容覆盖广泛，其中包括群众基础广泛、适合个人习练或进行团体表演的传统武术与健身气功领域，具有悠久传承历史、能够极大丰富老年生活的棋牌益智领域，包含门球、乒乓球等项目在内的运动专项领域，旨在针对性改善慢性疼痛、慢病预防与控制、意外跌倒等老年人突出健康问题的运动功能改善训练领域，以及涵盖运动安全、运动营养等方面的运动健康科普领域。

本系列图书在内容设置和呈现形式上充分考虑了老年人的阅读和学习习惯，一方面严格按照循序渐进的原则进行内容讲解，另一方面通过大图大字的方式分步展示技术动作，同时附赠了扫码即可免费观看的在线演示视频，以帮助老年人降低学习难度、提高训练效果，以及为相关课程的开展提供更丰富的教学素材。此外，为了更好地适应和满足老年人日益丰富的文化需求，本系列图书将不断进行内容和形式上的扩充、调整和修订，并努力为广大老年读者提供更丰富、更多元的学习资源和服务。

最后，希望本系列图书能够为促进老年体育教育发展及健康老龄化进程贡献微薄之力。

在线视频访问说明

本书提供了配套的围棋在线视频，您可以通过微信"扫一扫"，扫描下方二维码进行观看。

步骤1

点击微信聊天界面右上角的"+"，弹出功能菜单（图1）。

步骤2

点击弹出的功能菜单上的扫一扫，进入该功能界面，扫描上方的二维码，添加"阿育"为好友，进入聊天界面并回复【61946】（图2），等待片刻。点击弹出的视频链接，即可观看视频（图3）。

图1　　　　　　　　图2　　　　　　　　图3

认识围棋

围棋起源于中国，相传为尧帝所造，在古代被称为"弈"，属于琴棋书画四艺之一。在现代，围棋是一种棋类智力运动，1956 年被国家体育总局正式列为体育竞赛项目。

作为中华传统文化的代表，围棋有益于身心健康，很适合老年朋友学习。闲暇时，约一个老友，沏一壶好茶，下一局围棋，既能锻炼脑力，又能交流情感。

1. 基本规则

黑先白后，一人一步交替落子，直至棋局结束。

棋子落在棋盘后不能再移动，即"落子无悔"。

棋子落在交叉点上，摆放端正。

交叉点

2. 猜先

对局时，哪一方执黑先行由猜先决定。猜先的方式是先由一方手握若干白子暂不示人，另一方出示一颗黑子表示对方手握白子为单数，出示两颗黑子则表示白子为双数，若猜对则猜测方执黑，反之执白。

3. 执子姿势

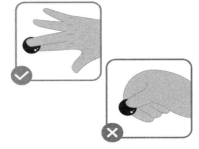

用中指和食指夹住棋子，中指在上，食指在下。落子不宜过分用力，自然轻放就好。

4. 认识棋具

围棋的主要棋具是棋盘和棋子。

● 认识棋盘

围棋棋盘线路纵横交错，标准棋盘为19路棋盘，横竖各19条线，棋盘上分布着361个交叉点。

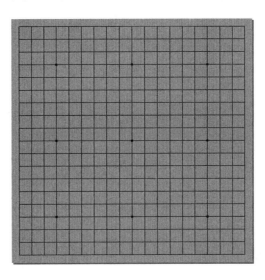

棋盘上标有9个小圆点的位置称为"星"，中央的星又称"天元"。

● 认识棋子

棋子分黑白两色。黑棋和白棋各一盒，黑棋181颗子，白棋180颗子，共计361颗子。

目 录

第一章

基础知识

本章节主要学习棋子的气、禁入点、两眼活棋、打劫等围棋基础知识。

1.1 棋子的气

气是棋子在棋盘上生存的基本条件。

学习目标：数清不同状态下棋子的气，并走出打吃、长、提。

重点知识：与棋子直线相连的最近交叉点，就是棋子的"气"。

1.1.1 一颗棋子的气

一颗棋子在棋盘上，与它直线相连的最近交叉点，就是这个棋子的"气"。一颗棋子在棋盘上的位置不同，气的数量也不同。

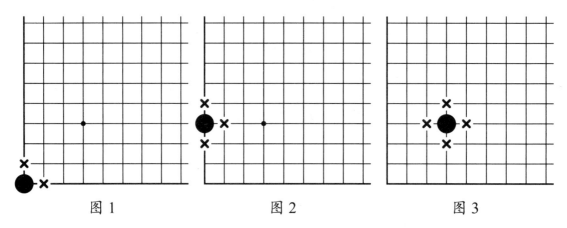

图1　　　　　　　图2　　　　　　　图3

图1～图3：× 标记的位置就是黑棋的气。黑棋角上一子有2口气、边上一子有3口气、中间一子有4口气。

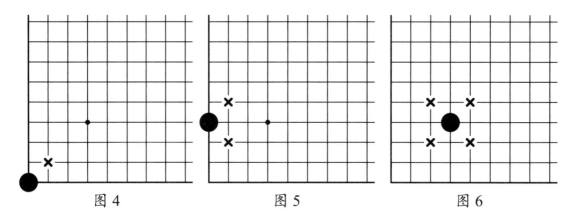

图4　　　　　　　图5　　　　　　　图6

图4～图6：× 标记的位置并不是黑棋的气，因为没有与黑棋直线相连。

1.1.2　多颗棋子的气

与一颗棋子气的概念相似，直线相连的多颗棋子可以视为一块棋，合并计算气的数量。通常一块棋的气的数量会随着棋子的数量增加而增加。

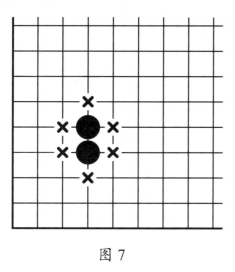

图 7

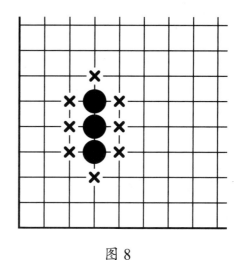

图 8

图 7：黑棋两子有 6 口气。

图 8：黑棋三子有 8 口气。

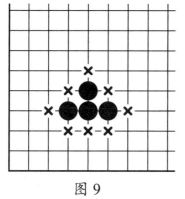

图 9

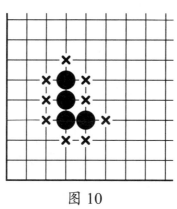

图 10

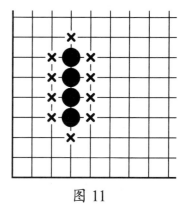

图 11

图 9 ~ 图 11：同样数量的棋子，形状不同，气数也不同，黑棋四子分别有 8 口气、9 口气、10 口气。

1.1.3　打吃

打吃是威胁对方棋子最基本的手段。使对方的棋子从 2 口气变

3

成 1 口气的招法，叫作"打吃"。

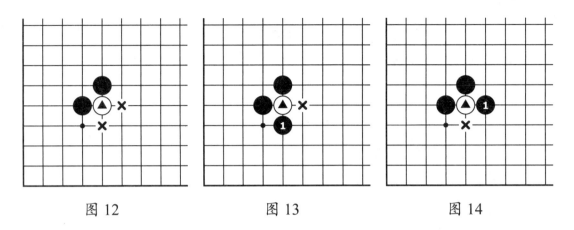

图 12　　　　　图 13　　　　　图 14

图 12：白▲此时有 2 口气。

图 13 ～图 14：打吃有两个方向，黑棋走在 1 位，让白▲只剩 1 口气，这种手段就叫作"打吃"。

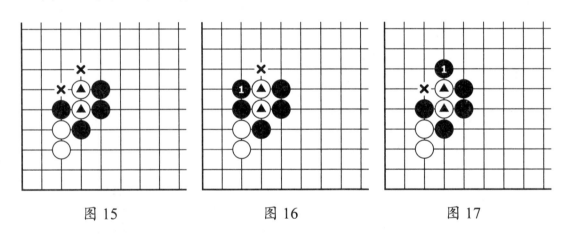

图 15　　　　　图 16　　　　　图 17

图 15：白▲此时有 2 口气。

图 16 ～图 17：打吃有两个方向，黑棋走在 1 位，让白▲只剩 1 口气，这种手段就叫作"打吃"。

1.1.4　长

当我方棋子被打吃时，紧挨着自己有危险的棋子落子，帮助己方棋子增加更多的气，就叫作"长"。

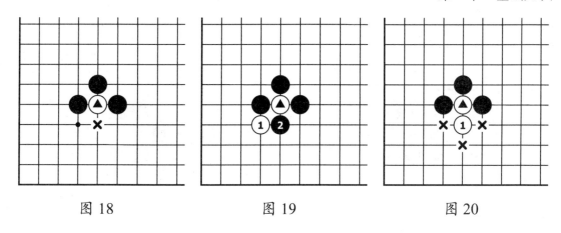

图 18   图 19   图 20

图 18：白▲此时是被打吃的状态，非常危险。图 19：白棋走在 1 位是错误的下法，黑棋仍可以走在 2 位吃掉白▲。图 20：白 1 "长"是正确的下法，现在白棋有 3 口气，成功帮助自己有危险的棋子增加了更多的气。

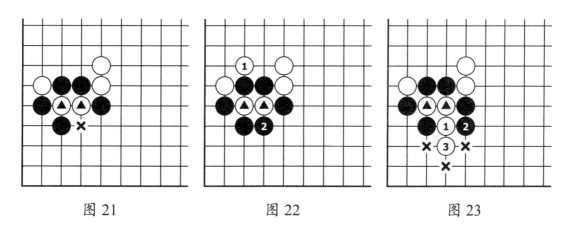

图 21   图 22   图 23

图 21：白▲2 子此时是被打吃的状态，非常危险。图 22：白棋走在 1 位打吃，虽然暂时让黑棋有危险，但黑棋可以立刻走在 2 位吃掉白棋。图 23：白 1 "长"是正确的下法，虽然黑 2 可以继续打吃，但白棋仍然可以走在 3 位继续 "长"，将自己增加到 3 口气。

1.1.5 提

当对方棋子只剩下 1 口气时，我方围住对方最后一气，同时把对方处于无气状态的 "死子"从棋盘上拿掉，就叫作 "提"或 "提子"。

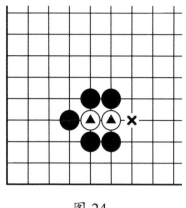

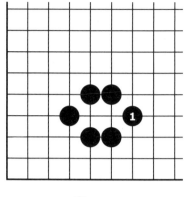

图 24   图 25

图 24：白▲ 2 子只剩 1 口气。

图 25：黑 1 围住白棋的最后一气，同时把没有气的死子从棋盘上拿掉。

1.2 禁入点

在围棋规则中，落子后既没有气，也无法提掉对方棋子的交叉点就是己方的禁入点。

学习目标：找出棋盘上的禁入点。

重点知识：禁入点是不能落子的地方。

1.2.1 没有死子的禁入点

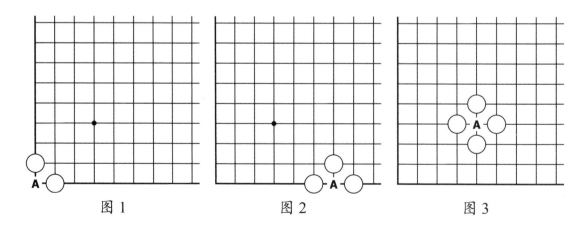

图 1   图 2   图 3

图 1～图 3：棋盘角上、边上、中间的 A 位是黑棋禁入点。黑棋走在 A 位，既没有气，也无法提掉白棋。

1.2.2　有死子的禁入点

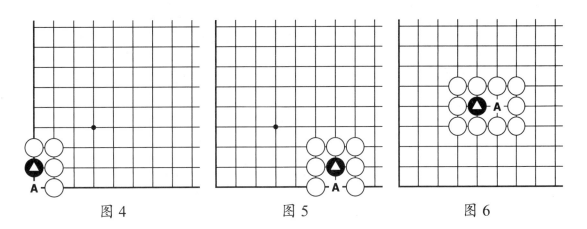

图 4　　　　　　　图 5　　　　　　　图 6

图 4～图 6：黑▲是 1 颗死子，毫无用处，A 位仍然是黑棋的禁入点，黑棋走在 A 位，既没有气，也无法提掉白棋。

1.2.3　能提不是禁入点

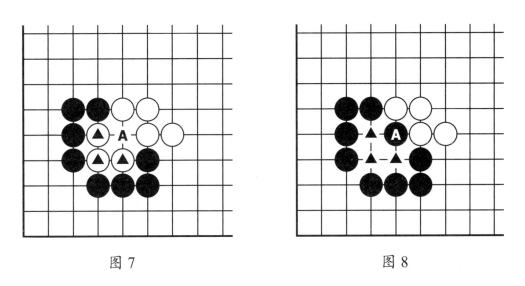

图 7　　　　　　　　　　　图 8

图 7：A 位不是黑棋的禁入点。图 8：黑棋走在 A 位，可以提掉白▲ 3 子，因此 A 位不是黑棋的禁入点。

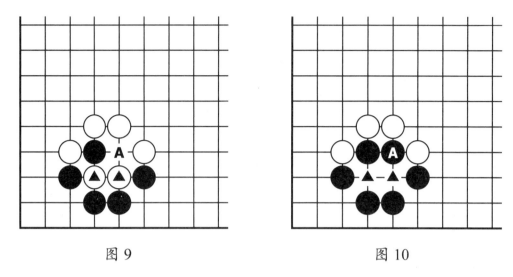

图 9   图 10

图 9：A 位不是黑棋的禁入点。图 10：黑棋走在 A 位，可以提掉白▲ 2 子，因此 A 位不是黑棋的禁入点。

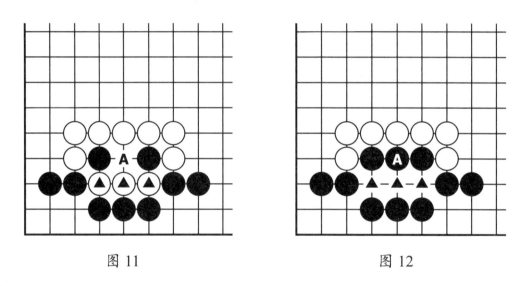

图 11   图 12

图 11：A 位不是黑棋的禁入点。图 12：黑棋走在 A 位，可以提掉白▲ 3 子，因此 A 位不是黑棋的禁入点。

1.3　两眼活棋

"气"是棋子在棋盘上生存的基本条件。但棋盘大小有限，棋子的气再怎么发展，也都有尽头，也可能被对方提掉。本节我们就来学习一下棋盘上永生的存在——"两眼活棋"，它和我们上节学习的禁入点有很大的关联。

学习目标：认识由两个禁入点组成的两眼活棋。

重点知识：有两个禁入点，无法被对方提掉的棋就是两眼活棋。

1.3.1　两眼活棋的概念

当一块棋有两个禁入点，即使被对方围住，也不会被提掉，这就是"两眼活棋"。

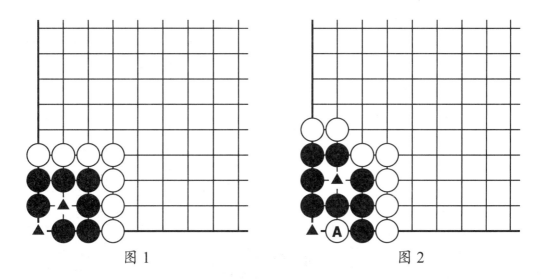

图 1　　　　　　　　　　　图 2

图 1：黑棋虽然被白棋完全包围，但在▲标记的两个禁入点，白棋无法落子，也无法将黑棋提掉，所以黑棋是活棋。图 2：白 A 是一颗死子，毫无作用，▲标记的位置仍然是白棋的禁入点，黑棋还是活棋。

1.3.2　不同位置的两眼活棋

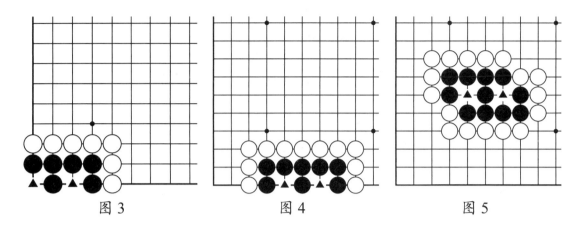

图 3　　　　　　图 4　　　　　　图 5

图 3～图 5：棋盘上分别是角上、边上、中间的两眼活棋。

1.3.3　死棋

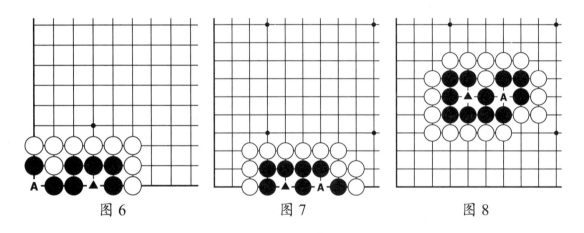

图 6　　　　　　图 7　　　　　　图 8

图 6～图 8：图中的黑棋都是死棋。因为白棋可以走在 A 位提掉黑棋，黑棋只有一个禁入点，没有形成两眼活棋。

1.4　打劫

黑棋和白棋可以来回提一子的棋形，称为"打劫"或"劫"。轮黑下，可以提掉一颗白子，轮白下，同样可以提掉一颗黑子。如此反复就陷入了循环，为了避免这种循环，规则规定一方"提"一子后，对方不能立刻回提，要先在别处下一手，待对方应一手后再回提。因此"劫"是实战中一种特殊棋形，"劫"的应对下法也是重要的围棋规则之一。

学习目标：了解围棋中打劫的基本规则。

重点知识：对方提劫后不能立刻回提、消劫的概念。

1.4.1 提劫

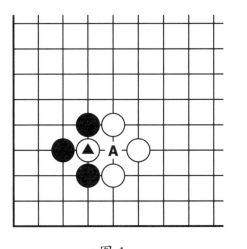 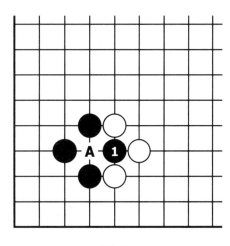

图 1 图 2

图 1：黑棋走在 A 位，可以提掉白▲，这在围棋术语中称为"提劫"。图 2：黑 1 提劫后，白棋不能在 A 位立刻回提。

1.4.2 棋盘上不同位置的劫

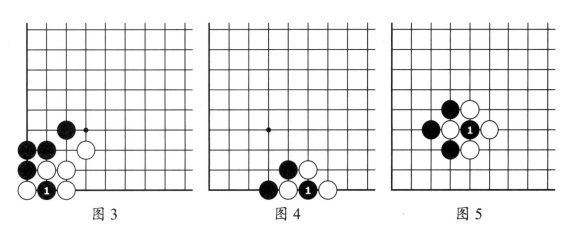

图 3 图 4 图 5

图 3 ~ 图 5：棋盘上分别是角上、边上、中间的劫。

1.4.3　打劫的过程

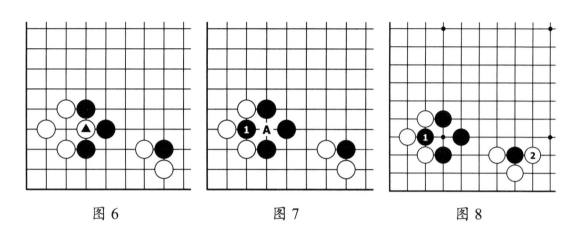

图 6　　　　　　　　图 7　　　　　　　　图 8

图 6：棋盘上出现了打劫。图 7：黑 1 提劫，白棋不能立刻走在 A 位回提。图 8：需要去其他位置走一步，例如白 2 打吃。

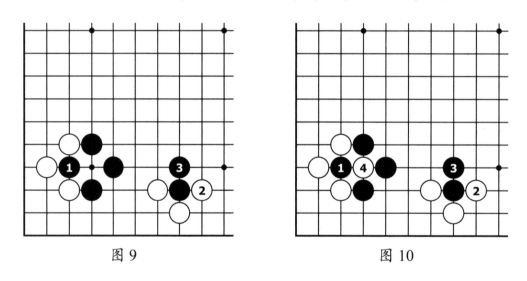

图 9　　　　　　　　　　　图 10

图 9 ~ 图 10：黑棋若回应了白 2 打吃，选择 3 位长，白棋才可以在 4 位回提，这就是"打劫"的过程。

1.4.4　消劫

如果不想一直打劫，也有停止打劫的方法，这在围棋术语中称为"消劫"。

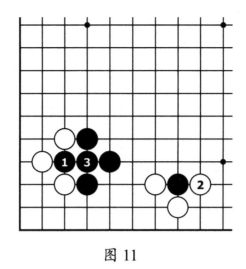

图 11

图 11：黑 3 可以用"粘"的方式结束打劫。

第二章

基础行棋

在正式进入实战对局前，我们需要掌握更多的行棋方法。本章我们将学习分断与连接、长气与紧气、提与不提这三个基础行棋方法。

2.1　分断与连接

分断与连接是围棋中最基础的攻防手段。下棋过程中想要吃掉对方棋子，就要学会发现对方的弱点，分断对方棋子之间的联络，进而达到吃棋的目的；反之如果想确保自身棋子的安全，就要将自身棋子保持在连接的状态。

学习目标： 能够在棋盘上分断对方、连接己方。

重点知识： 一方可能被对方分断的地方，称为"断点"。连接自身用"粘""虎"。

2.1.1　认识断点

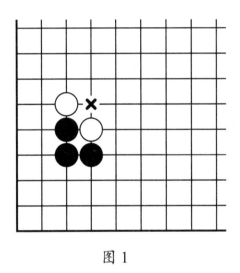 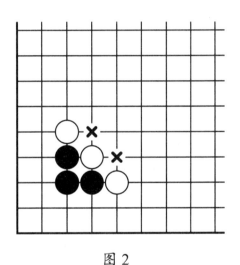

图 1　　　　　　　　　　　　　图 2

图 1～图 2：在围棋中，一方可能被对方分断的地方，称为"断点"。× 标记的位置就是白棋的断点。

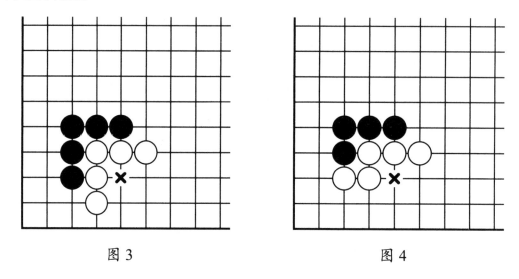

图 3　　　　　　　　　　　图 4

图 3 ~ 图 4：白棋紧密地连接在一起，× 标记的位置并不是断点。

2.1.2　分断

利用对方断点，将对方棋子分成两部分或者多个部分的手段，称为"分断"。分断可以让对方棋子的气变少、变弱。

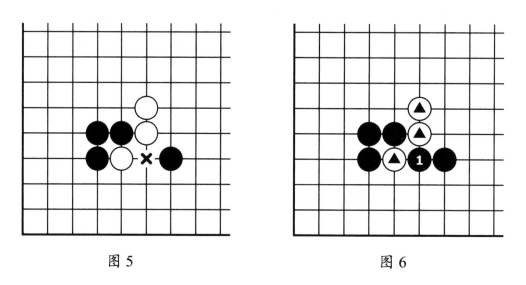

图 5　　　　　　　　　　　图 6

图 5：× 标记的位置是白棋的断点。图 6：黑 1 走在断点位置可以分断白棋。白棋被分断后，白▲各子都变弱了。

2.1.3　连接

在围棋中，把可能被对方分断的棋子连成一体的手段，称为"连接"。连接可以帮助自身棋子变强。常见的连接方法有"粘""虎"。

● 粘

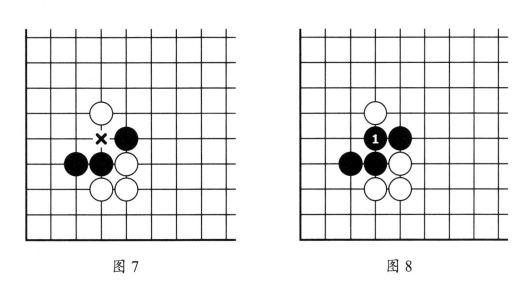

图 7　　　　　　　　　　　　　　　图 8

图 7：× 标记的位置是黑棋的断点。图 8：黑 1 直接走在断点位置进行连接的方法叫作"粘"。

● 虎

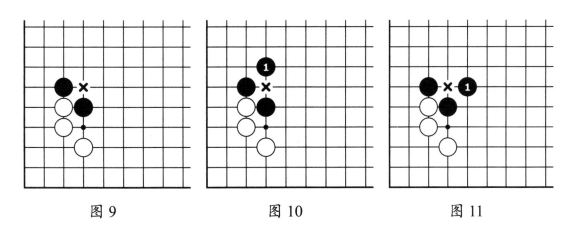

图 9　　　　　　　　　　图 10　　　　　　　　　　图 11

图 9：× 标记的位置是黑棋的断点。图 10 ~ 图 11：黑 1 可以用

"虎"的方法，做成一个"虎口"保护住 × 标记位置的断点。

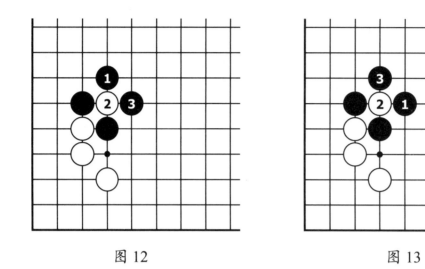

图 12   图 13

图 12 ~ 图 13：白 2 如果非要下在断点位置，就是羊入虎口，会被黑 3 直接提掉。

2.2   长气与紧气

气是棋子的生命，想要在棋盘上更好地生存，就要学会长气；想要吃掉对方的棋子，就要学会紧气。

学习目标：掌握正确的长气与紧气方法。

重点知识：长气的三条要领。

2.2.1   长气

长气的要领有三条。一是不要贴着对方的棋子行棋。二是要往更宽广的地方行棋。三是当周围有己方棋子时，朝着己方棋子的方向行棋。

● **不要贴着对方的棋子行棋。**

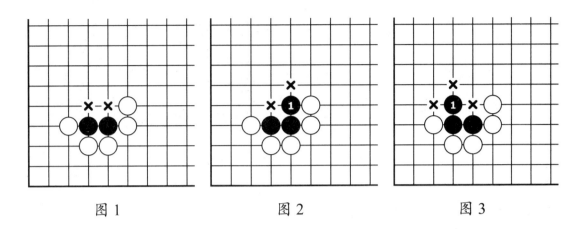

图 1　　　　　　　　　图 2　　　　　　　　　图 3

图 1：× 标记的位置是黑棋的气，现在黑棋有 2 口气。图 2：黑棋如果走在黑 1 的位置，黑棋还是 2 口气，并没有长出气。图 3：黑1 是正确的长气方法，现在黑棋有 3 口气。长气时要预判落子后气的状态，不要贴着对方的棋子行棋。

● **要往更宽广的地方行棋。**

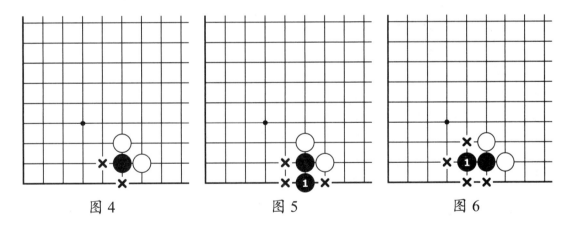

图 4　　　　　　　　　图 5　　　　　　　　　图 6

图 4：× 标记的位置是黑棋的气，现在黑棋有 2 口气。图 5：黑棋如果走在黑 1 的位置，黑棋有 3 口气，因为下在了一线上，只长出了一气。图 6：黑 1 向更宽广的地方长是正确的长气方法，现在黑棋有 4 口气。所以，长气时，一定要往更宽广的地方行棋。

● **当周围有己方棋子时，朝着己方棋子的方向行棋。**

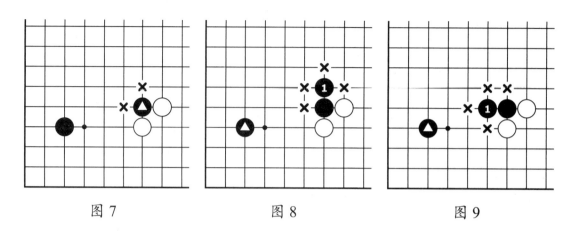

图 7   图 8   图 9

图 7：× 标记的位置是黑棋的气，现在黑▲有 2 口气。图 8 ~ 图 9：黑 1 长后同样都变成了 4 口气，但是图 9 是更好的长气下法，因为朝着己方棋子行棋，以后可以和黑▲连接为一体，黑棋整体变得更加安全。

2.2.2 紧气

紧气的要领就是，紧气的同时也要注意自身棋子的状态，在同样紧气的条件下，应尽量避免被对方分断。

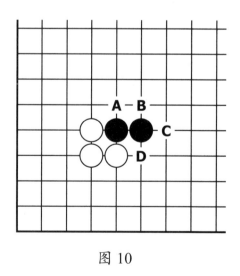

图 10

图 10：现在黑棋有 4 口气。白棋走在 A、B、C、D 位都可以紧

住黑棋的气。

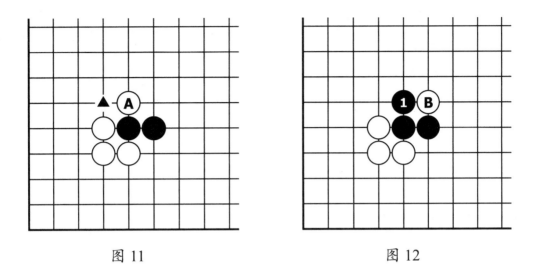

图 11   图 12

图 11：白棋如果走 A 位，虽然紧住了黑棋 1 口气，但自身棋形留下了断点 ▲ 的隐患。图 12：白棋如果走在 B 位，同样可以紧住黑棋 1 口气，但黑 1 之后白棋就被分断成了两块棋。

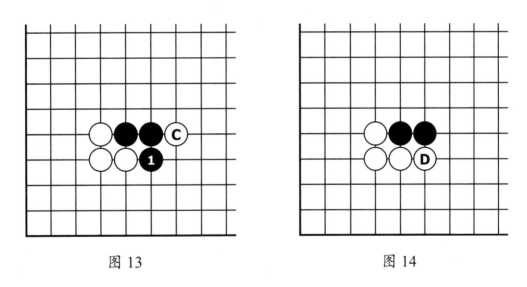

图 13   图 14

图 13：白棋走在 C 位与图 12 类似，虽然紧住了黑棋 1 口气，但黑 1 之后白棋又被分断成了两块棋。图 14：白棋走在 D 位是正确的紧气下法，在同样紧气的条件下，自身棋形仍然是连接的状态。

2.3　提与不提

"提"就是把对方没有气的棋子，从棋盘上提走。但如果对方已经是死棋的状态，我方就不需要再花一手棋将对方提起来，应将棋子下在更有价值的地方。

学习目标：能够分辨出什么情况需要提，什么情况不用提。

重点知识：死棋不用提，互相打吃需要提。

2.3.1　死棋不用提

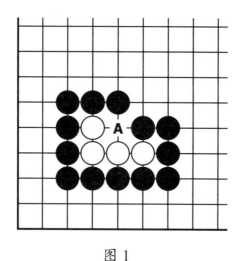

图 1

图 1：此局面中白棋已经被完全包围。即使黑棋不在 A 位提子，白方也无法逃脱。此时黑方可以将棋子下在更有价值的地方。

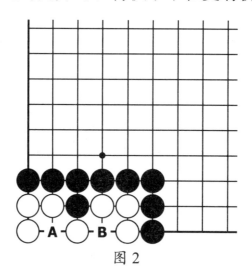

图 2

图 2：此局面中黑棋无需在 A、B 位提子。因为白棋局部已是死棋，黑棋不需要提，可以将棋子下在更有价值的地方。

2.3.2　互相打吃需要提

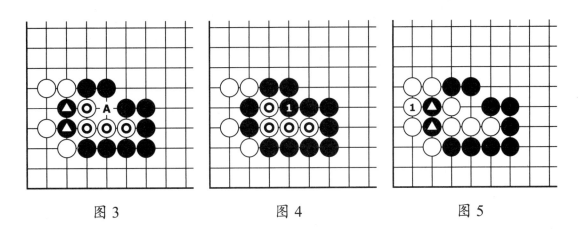

图 3　　　　　　　　　　图 4　　　　　　　　　　图 5

图 3：此局面中黑▲ 2 子和白○ 4 子处在互相打吃的关键时刻，黑棋需要在 A 位提。图 4：黑 1 提，成功吃掉白○ 4 子。图 5：如果黑棋不走 A 位，白 1 提，反而是黑▲ 2 子被吃。

第三章

基础吃子

　　吃子是围棋技战术的关键部分。熟练运用吃子技巧，可以帮助我们在对局中占据主动。围棋基础吃子方法有7种，包括双打吃、门吃、抱吃、征子、枷吃、倒扑、接不归。本章我们分别介绍这7种吃子的方法。

3.1 双打吃

一步棋可以同时打吃对方两块棋的吃子方法，叫作"双打吃"。

学习目标：掌握双打吃的吃子方法。

重点知识：找到断点，一步棋同时打吃对方两块棋。

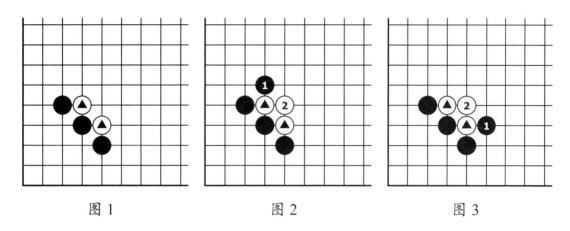

图 1   图 2   图 3

图 1：▲标记的白子各有 2 口气。图 2 ~ 图 3：黑 1 打吃是错误下法，白 2 把自己两子连在一起后有 3 口气，黑棋无法吃掉白棋。

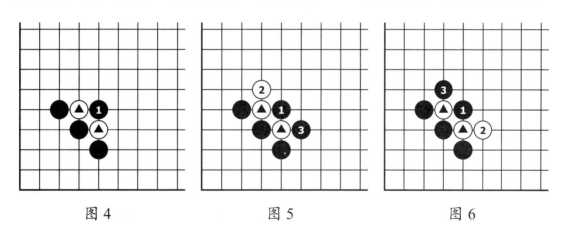

图 4   图 5   图 6

图 4：黑 1 将白棋分断，可以同时打吃▲标记的两个白子。图 5 ~ 图 6：白棋无论从哪一边逃跑，另一边都会被黑棋吃掉，这种吃子方法就是双打吃。

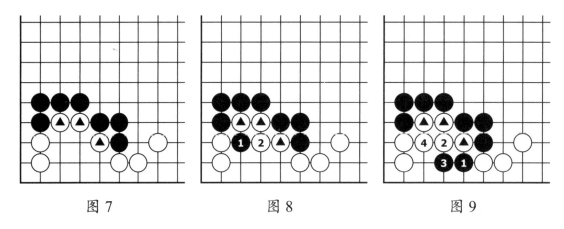

图 7　　　　　　　　　图 8　　　　　　　　　图 9

图 7：▲标记的白子各有 2 口气。图 8：黑 1 打吃方向错误，白 2 粘之后有 2 口气，黑 1 反而只剩 1 口气，因此打吃失败。图 9：黑 1 打吃依旧有问题，白 2、4 粘之后全部连在一起，黑棋无法继续吃白棋。

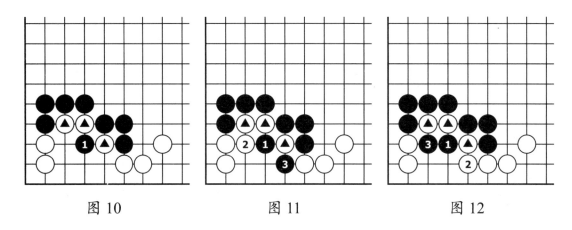

图 10　　　　　　　　　图 11　　　　　　　　　图 12

图 10：黑 1 将白棋分断，可以同时打吃▲标记的两块白棋。图 11 ~ 图 12：白棋无论从哪一边逃跑，另一边都会被黑棋吃掉，双打吃成功。

3.2　门吃与抱吃

因门吃与抱吃手法相近，本节我们一并介绍。

像关门一样把对方围住的吃子方法，叫作"门吃"。

像手臂一样将对方环抱的吃子方法，叫作"抱吃"。

学习目标： 掌握门吃及抱吃两种吃子方法。

重点知识： 区分门吃与抱吃的棋形区别。

3.2.1　门吃

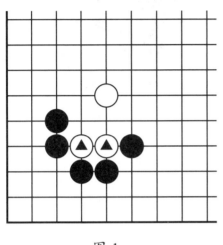 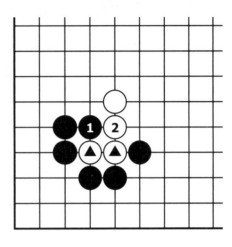

图 1　　　　　　　　　　　　　　　图 2

　　图 1：▲标记的白子有 2 口气。图 2：黑 1 打吃方向错误，白 2 把自己连在一起后有 4 口气，黑棋无法吃掉白棋。

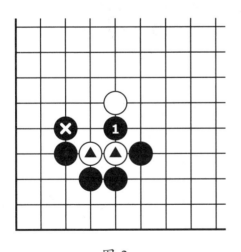 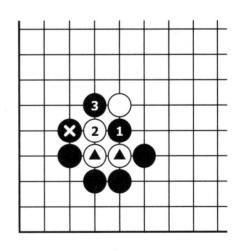

图 3　　　　　　　　　　　　　　　图 4

　　图 3：黑 1 与 × 标记的黑子平行且间隔一线，像一扇门一样将白▲围住，此时白▲ 2 子被打吃只有 1 口气。图 4：白 2 继续逃跑，

黑 3 提，黑棋门吃成功。

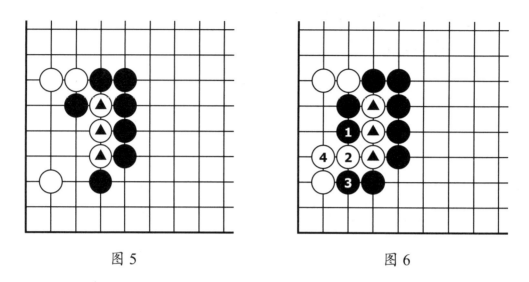

图 5   图 6

图 5：白▲3 子有 2 口气。图 6：黑 1 打吃方向错误，白 2、4 成功将自己连接，同时长至 4 口气，黑棋无法吃掉白棋。

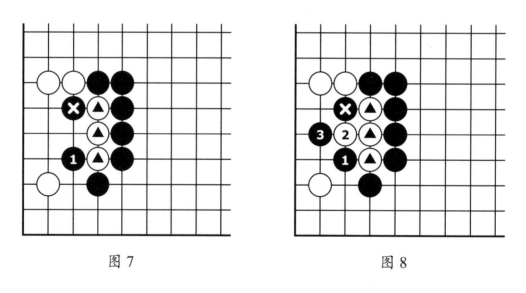

图 7   图 8

图 7：黑 1 与 × 标记的黑子平行且间隔一线，像一扇门一样将白▲围住，此时白▲3 子被打吃只有 1 口气。图 8：白 2 继续逃跑，黑 3 提，黑棋门吃成功。

3.2.2　抱吃

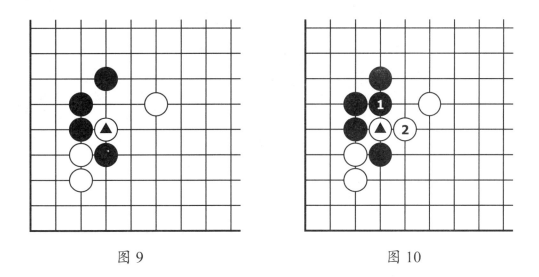

图 9　　　　　　　　　　　　　图 10

图 9：白▲有 2 口气。图 10：黑 1 打吃方向错误，白 2 长之后，黑棋无法吃掉白棋。

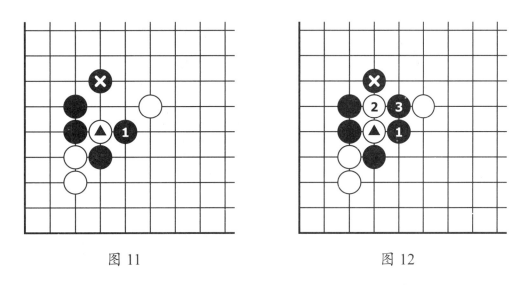

图 11　　　　　　　　　　　　　图 12

图 11：黑 1 与 × 标记的黑子不平行，但同样可以打吃白棋。图 12：白 2 如果继续逃跑将被黑 3 提掉。抱吃时可以将棋形想象成环抱对方，让对方无路可逃。

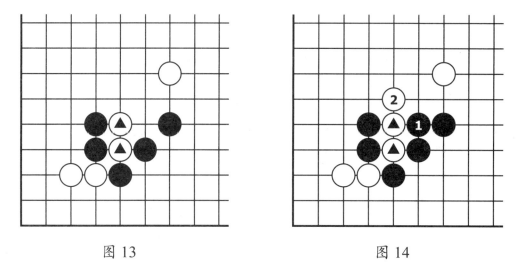

图 13   图 14

图 13：白▲ 2 子有 2 口气。图 14：黑 1 打吃方向错误，白 2 长之后有 3 口气，黑棋无法吃掉白棋。

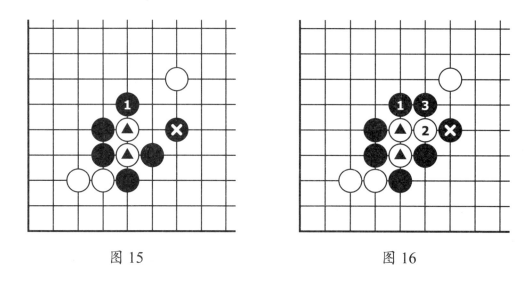

图 15   图 16

图 15：黑 1 与 × 标记的黑子不平行，但同样可以打吃白棋。图 16：白 2 如果继续逃跑将被黑 3 提掉，抱吃成功。

3.3 征子（上）

通过连续打吃让对方始终只有 1 口气的吃子方法，叫作"征子"。"征子"也称为"征吃"或"扭羊头"。

学习目标： 掌握征子的吃子方法。

重点知识： 连续打吃让对方始终只有 1 口气。

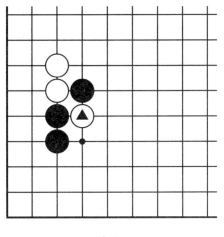

图 1

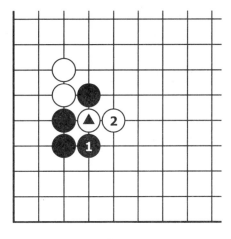

图 2

图 1：白▲有 2 口气。图 2：黑 1 打吃方向错误，白 2 长之后有 3 口气，黑棋无法继续打吃，征子失败。

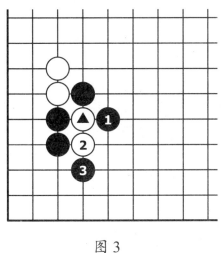

图 3

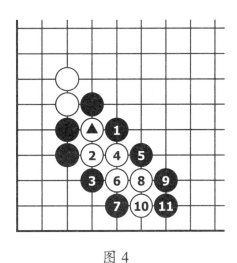

图 4

图 3：黑 1 打吃白棋，白 2 逃跑，黑 3 继续打吃，这是正确的打吃方向。图 4：黑 3、5、7、9、11 连续打吃白棋，让白棋始终只有 1 口气，行至边线白棋无法挣脱，黑棋征子成功。

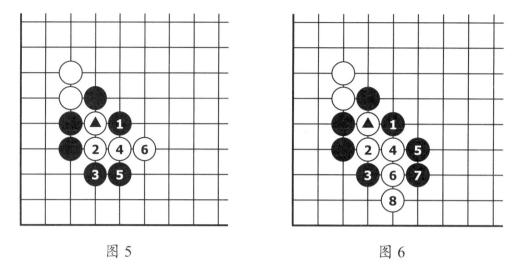

图 5　　　　　　　　　　图 6

图 5 ~ 图 6：需要注意的是，在征子过程中黑棋的打吃方向很重要，一旦让白棋长出 3 口气，征子就失败了。图 5 中黑 5 和图 6 中黑 7 都是错误的打吃方向。

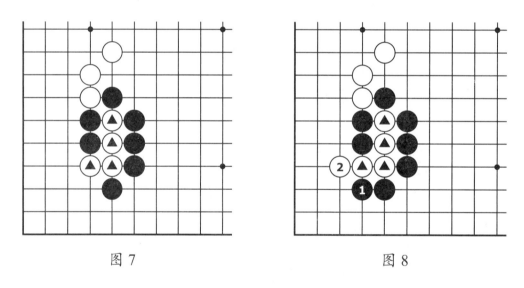

图 7　　　　　　　　　　图 8

图 7：白▲4 子有 2 口气。图 8：黑 1 打吃方向错误，白 2 长之后有 3 口气，黑棋无法继续打吃，征子失败。

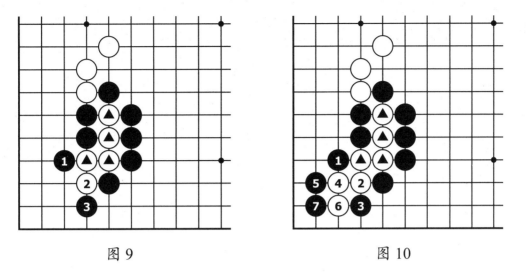

图 9　　　　　　　　　　　　　　图 10

图 9：黑 1 打吃白棋，白 2 逃跑，黑 3 继续打吃。图 10：黑 3、5、7 连续打吃白棋，让白棋始终只有 1 口气，行至边线白棋无法挣脱，黑棋征子成功。

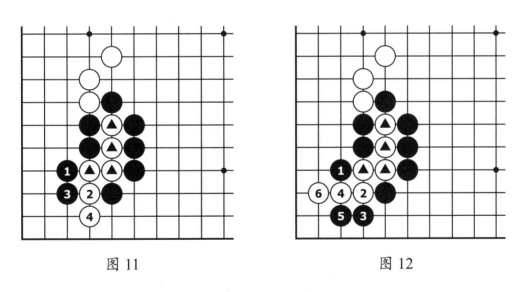

图 11　　　　　　　　　　　　　　图 12

图 11 ~ 图 12：需要注意的是，在征子过程中黑棋的打吃方向很重要，一旦让白棋长出 3 口气，征子就失败了。图 11 中黑 3 和图 12 中黑 5 都是错误的打吃方向。

3.4 征子（下）

征子是否成立，是由先决条件决定的。如果条件没有得到满足强行征子，将会带来非常惨重的后果。本节我们来了解征子失败的两种常见情况。

学习目标： 判断征子是否有利，并选择出正确的征子方向。

重点知识： 被征子方有接应子不能征，征子方被打吃不能征。

3.4.1 被征子方有接应子

征子路线中有被征子方棋子时，征子不成立。

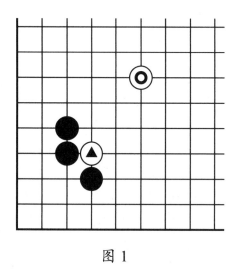

图 1

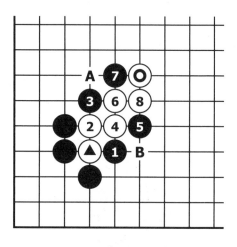

图 2

图 1：白○与白▲有接应。图 2：黑 1 如果执意征子，白棋只要一直逃跑，将白▲与白○连接后就有 3 口气，黑棋不仅吃不掉白棋，还留有 A、B 两处被双打吃的漏洞，征子失败且损失巨大。

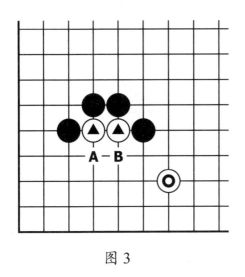

图 3

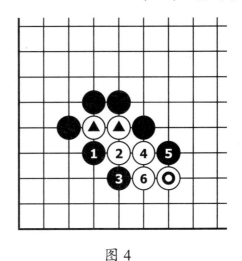

图 4

图 3：白〇与白▲有接应，此时黑棋如果想征子，要在 A、B 两个征子方向中做选择。图 4：黑 1 打吃，白 2 逃跑，至白 6，白▲与白〇连接有 3 口气，黑棋征子失败。

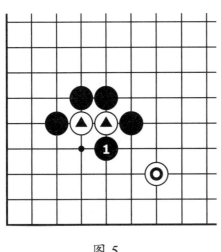

图 5

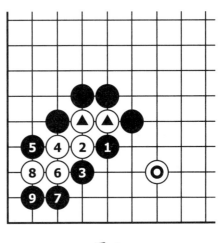

图 6

图 5：黑 1 阻断白〇与白▲的接应，征子方向正确。图 6：白 2 如果继续逃跑，行至边线白棋无法挣脱，黑棋征子成功。

3.4.2 征子方被打吃

征子过程中，征子方被打吃，征子不成立。

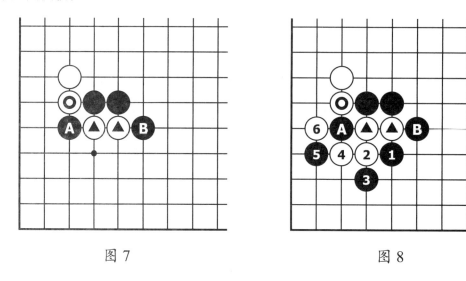

图 7   图 8

图 7：白▲ 2 子只有 2 口气，是黑棋的征子目标。需要注意的是，因为有白○存在，黑 A 也同样只有 2 口气，而黑 B 有 3 口气。图 8：黑 1 是错误的征子方向，白棋逃跑至 4 位，打吃了黑 A，黑 5 如果继续打吃，白 6 提掉黑 A，黑棋征子失败。

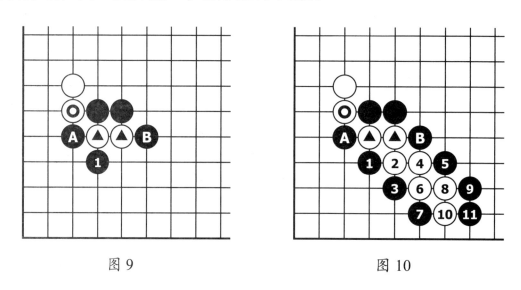

图 9   图 10

图 9：因为黑 B 有 3 口气，所以黑 1 朝自己气多的方向征子，是正确的征子方向。图 10：白 2 如果继续逃跑，行至边线白棋无法挣脱，黑棋征子成功。

3.5　枷吃

像枷锁一样封锁对方逃跑方向的吃子方法，叫作"枷吃"。

学习目标： 掌握枷吃的吃子方法。

重点知识： 枷吃是一种不需要直接紧气的封锁吃子方法。

3.5.1　两气枷吃

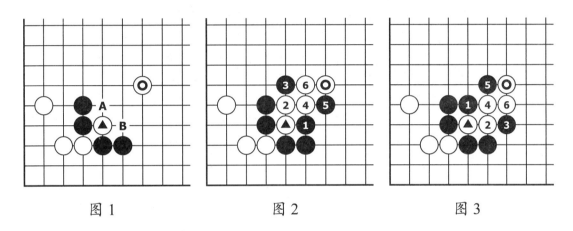

图 1　　　　　　　　图 2　　　　　　　　图 3

图 1：白▲有 A、B 两处逃跑方向，远处有白○接应。图 2 ～ 图 3：此时黑棋选择征子不成立。黑 1 无论从哪个方向打吃，白棋都能与接应子相连，黑棋无法吃掉白棋。

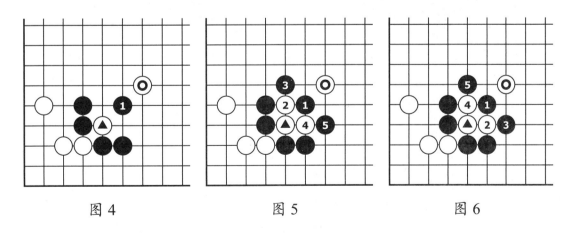

图 4　　　　　　　　图 5　　　　　　　　图 6

图 4：黑 1 下在白棋两个逃跑方向的中间，虽然没有紧住白棋的气，但像枷锁一样封锁住了白棋。图 5 ～ 图 6：白 2、4 无论从哪

个方向逃跑，黑棋只要挡住白棋的去路，白棋最终都会被黑棋吃掉。这种吃子方法就是枷吃。

3.5.2 三气枷吃

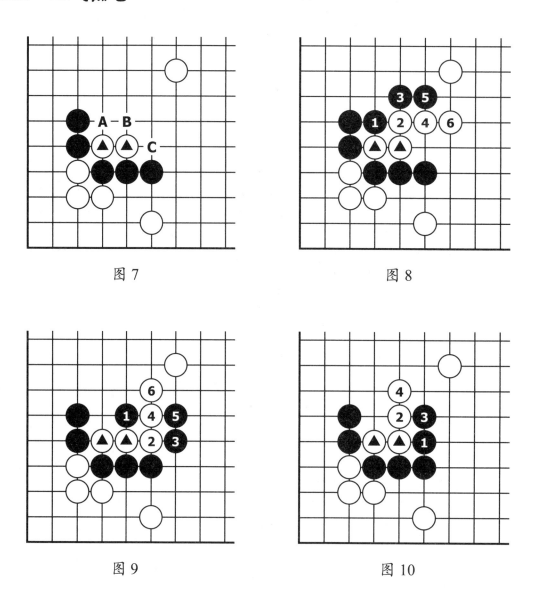

图 7　　　　　　　　　　图 8

图 9　　　　　　　　　　图 10

图 7：白▲2 子有 A、B 向上和 C 向右两个逃跑方向。图 8～图 10：黑 1 无论如何紧气，白棋都长出 4 口气并逃脱，黑棋吃子失败。

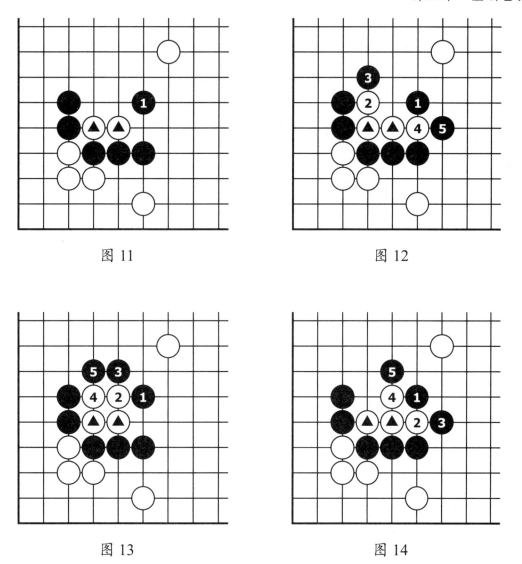

图 11　　　　　　　　　　　　　图 12

图 13　　　　　　　　　　　　　图 14

图 11：黑 1 下在白棋两个逃跑方向的中间，虽然没有紧住白棋的气，但像枷锁一样封锁住了白棋。图 12 ~ 图 14：白 2 无论从哪个方向逃跑，黑棋只要挡住白棋的去路，白棋最终都会被黑棋枷吃。

3.6　倒扑

在对方虎口中先送吃一子，再反吃对方更多棋子的方法，叫作"倒扑"。

学习目标：认识"扑"与"倒扑"。

重点知识：利用"扑"送吃一子，再反提对方更多子。

3.6.1 扑

学习"倒扑"之前，先要认识"扑"。

"扑"是指下在对方虎口里一颗棋，有时也能减少对方的气。

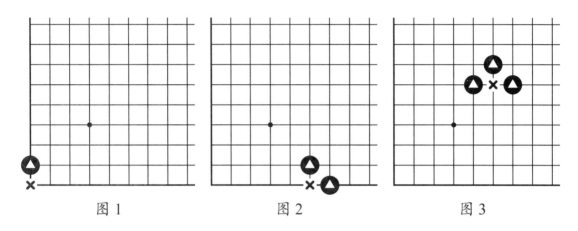

图 1 ～图 3：▲标记的黑棋分别是角上、边上、中间的虎口棋形。白棋下在 × 标记处是"扑"。

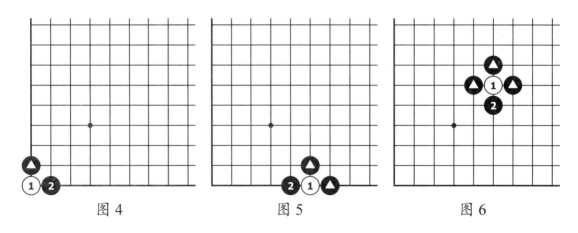

图 4 ～图 6：白 1 扑进黑虎口里后只有 1 口气，黑 2 可以立刻提掉。

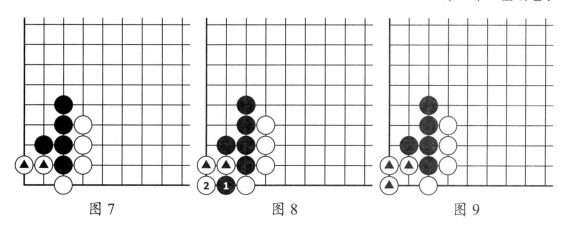

图 7　　　　　　　　　图 8　　　　　　　　　图 9

图 7：白▲ 2 子此时有 3 口气。图 8：黑 1 扑在白棋虎口里，白 2 提子。图 9：通过观察我们可以发现白▲ 3 子从开始的 3 口气变成了 2 口气，因此"扑"有时也是减少对方气的一种手段。

3.6.2　倒扑

"倒扑"是指利用"扑"送吃一子，再反提对方更多子的吃子方法。

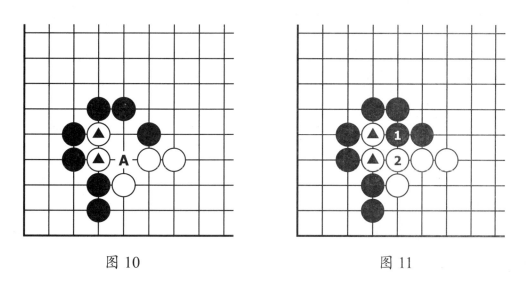

图 10　　　　　　　　　　　　图 11

图 10：白▲ 2 子此时有 2 口气，A 位是白棋的虎口。图 11：如果黑棋不敢下在白棋的虎口处，只是在 1 位打吃，那么白 2 成功连接，这样黑棋无法继续吃掉白棋，吃子失败。

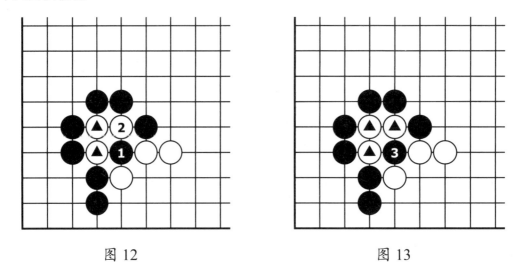

图 12   图 13

图 12：黑 1 扑在虎口处，白 2 提子。图 13：黑棋通过"扑"使白▲变成 1 口气，此时黑 3 反提白棋三个子，成功利用倒扑吃棋。

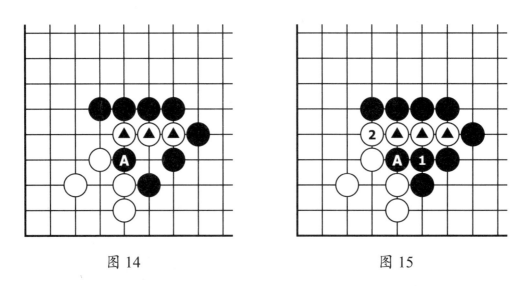

图 14   图 15

图 14：白▲ 3 子此时有 2 口气，黑 A 已经在白棋的虎口里了。

图 15：如果黑棋只是在 1 位连接黑 A，那么白 2 成功连接，这样黑棋无法继续吃掉白棋，倒扑失败。

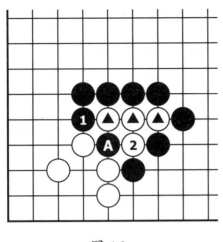

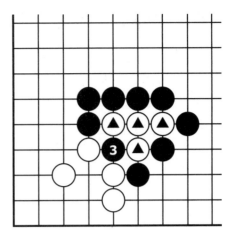

图 16　　　　　　　　　　　图 17

图 16：黑 1 勇敢放弃黑 A 选择打吃，白 2 提子。图 17：黑棋通过弃子使白▲变成 1 口气，此时黑 3 反提白棋 4 个子，成功利用倒扑吃棋。

3.7 接不归

利用打吃使对方无法连接的吃子方法，叫作"接不归"。

学习目标：掌握"接不归"的吃子方法。

重点知识：被接不归时不要继续连接。

3.7.1 直接接不归

直接打吃，对方无法连接逃跑。

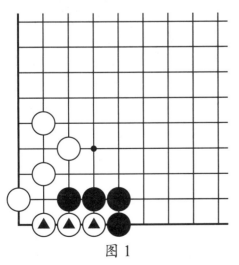

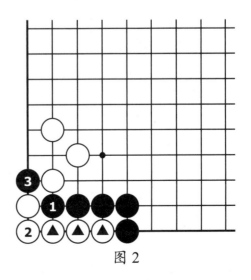

图 1　　　　　　　　　　　图 2

图1：白▲看似连接，实则只有2口气。图2：此时黑1打吃就是接不归，白2如果连接，黑3就能将白棋全部提掉。因此被接不归时不能盲目连接。

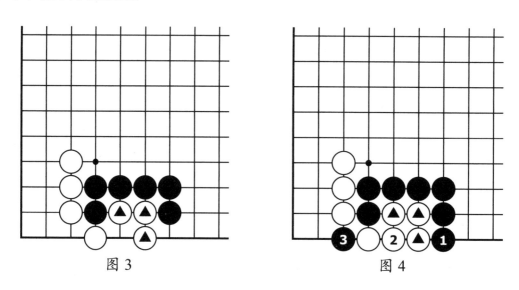

图3

图4

图3：白▲看似连接，实则只有2口气。图4：此时黑1打吃就是接不归，白2如果连接，黑3可以将连接一起的白棋全部提掉，白棋损失更大。

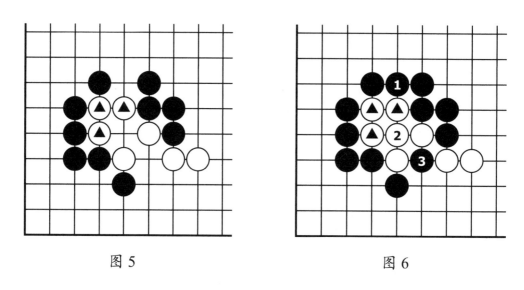

图5

图6

图5：白▲看似连接，实则只有2口气。图6：此时黑1打吃就是接不归，白2如果连接，黑3可以将连接一起的白棋全部提掉。

因此白 2 是错误下法，应该脱先减少损失。

3.7.2　扑后接不归

先扑再打吃，对方无法连接逃跑。

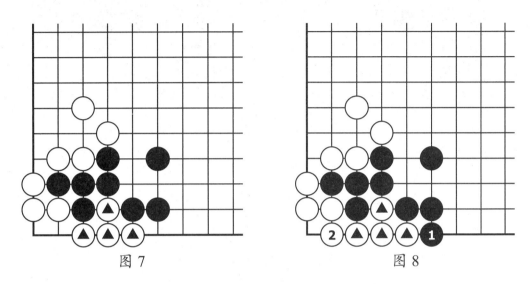

图 7　　　　　　　　　　图 8

图 7：白▲看似连接。图 8：黑 1 如果简单打吃，白 2 连接，黑棋吃棋失败。

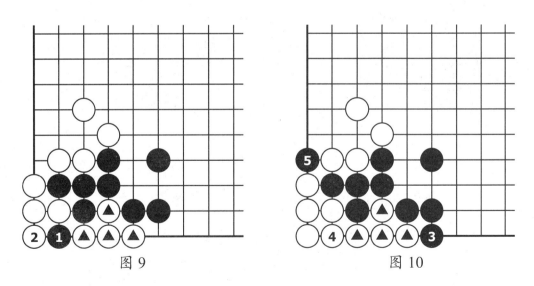

图 9　　　　　　　　　　图 10

图 9：黑 1 扑在虎口处，白 2 提子。图 10：黑 3 接着打吃，这样白 4 已经无法连接，形成了接不归。需要注意的是，白 4 连接将会损失更大，白棋此时应该脱先。

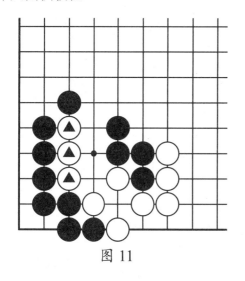

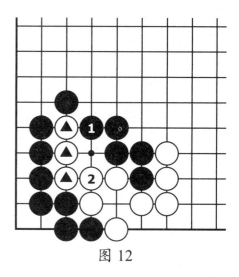

图 11   图 12

图 11：白▲ 3 子此时有 3 口气，黑棋似乎没有办法吃掉对方。

图 12：黑 1 如果简单紧气，白 2 连接，黑棋吃棋失败。

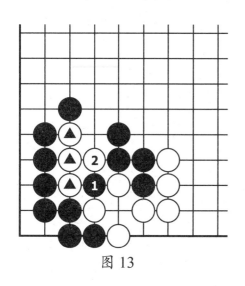

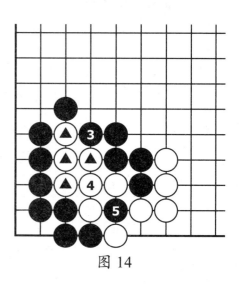

图 13   图 14

图 13：黑 1 扑在虎口处，白 2 提子，白▲从 3 口气变成了 2 口气。

图 14：黑棋通过扑减少了白棋的气，黑 3 接着打吃，白 4 如果继续连接，黑 5 可以全部提掉连接在一起的白棋。因此被接不归时不能盲目连接。

第四章

基础对杀

在对局时，会出现双方棋子互相包围且均不是活棋的情况。此时，我们需要通过收对方的气，才能得出死活结果。这种彼此收气、双方互相杀气的过程叫作"对杀"。

4.1 同气对杀

同气对杀指的是对杀双方气的数量相同，多数情况下先行收气的一方会获得胜利。

学习目标：结合相应的落子顺序与紧气下法，获得对杀的胜利。

重点知识：同气对杀，先行者胜。

4.1.1 辨认对杀目标

对杀的第一步是辨认对杀目标。只有双方棋子互相包围的情况才属于对杀。

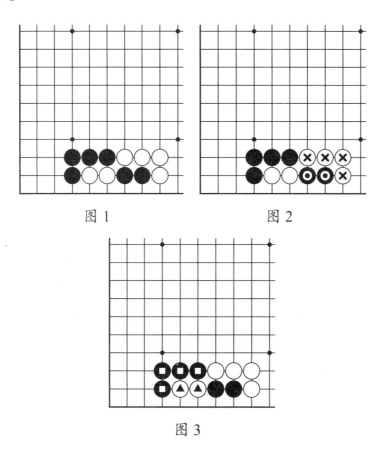

图1   图2

图3

图1：观察哪些棋子处在对杀状态。图2：黑〇与白 × 不属于对杀。黑〇被包围，白 × 没有被包围。图3：黑■与白▲不属于对杀。白▲被包围，黑■没有被包围。

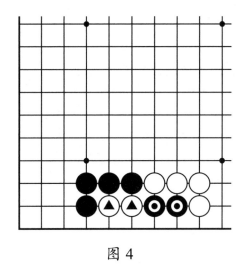

图 4

图 4：黑○与白▲互相包围且都不是活棋，这两块棋处在对杀状态。

4.1.2 数清对杀目标的气

找到对杀目标后，需要数清双方各自的气。

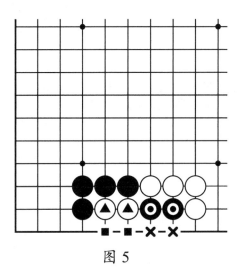

图 5

图 5：×标记的位置是黑○的气，■标记的位置是白▲的气，所以黑○有 2 口气，白▲也有 2 口气。

4.1.3 同气对杀

对杀双方气数相同，多数情况下先行收气的一方会获得胜利。

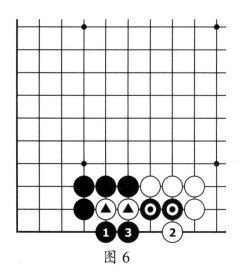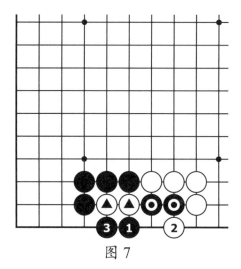

图 6   图 7

图 6：黑 1 先收白▲的气，白 2 紧黑〇的气时，黑棋快一步提掉白棋，对杀成功。图 7：黑 1 先收另一边的气也可以，同气对杀收气时只要紧住对方的气，先收哪里结果都是一样的。

4.2 有公气的对杀

对杀时，双方的气通常分为外气和公气。外气指的是一方单独的气。公气指的是双方共有的气，既是黑棋的气，也是白棋的气。

学习目标： 能成功分辨出公气与外气。

重点知识： 有公气的对杀——先收外气，再收公气。

4.2.1　分辨公气与外气

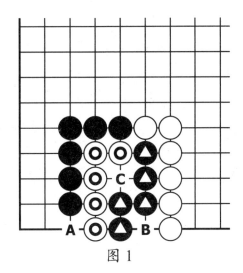

图 1

图 1：黑▲与白○正处在对杀状态。黑▲有 2 口气，白○也有 2 口气。A 位是白○的外气，B 位是黑▲的外气，C 位既是黑▲的气也是白○的气，所以 C 位是公气。

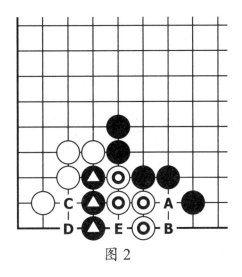

图 2

图 2：黑▲与白○正处在对杀状态。黑▲有 3 口气，白○也有 3 口气。A 位和 B 位是白○的外气，C 位和 D 位是黑▲的外气，E 位既是黑▲的气也是白○的气，所以 E 位是公气。

4.2.2　有公气对杀的收气要领

有公气对杀，收气时应先收对方的外气，收完对方所有外气，再收公气。

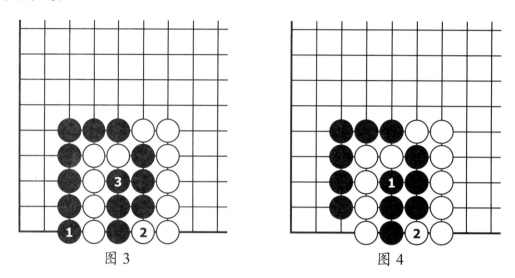

图3   图4

图3：黑1先收白棋外气是正确下法，白2收气，黑3提掉白棋，黑棋对杀成功。图4：黑1先收公气是错误下法，白2提，黑棋直接被吃。

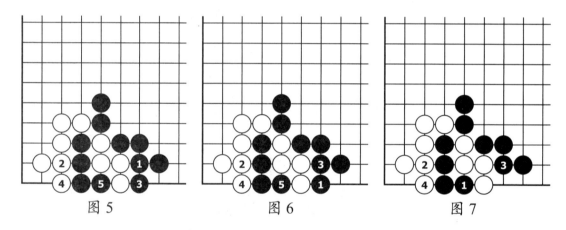

图5   图6   图7

图5～图6：黑1先收白棋外气是正确下法，白2收气，黑3把白棋外气收完，白4继续收气，黑5提掉白棋，黑棋对杀成功。图7：黑1先收公气错误，白2打吃，黑3打吃，白4提，直接吃掉黑棋，黑棋对杀失败。

4.2.3 双活

双活是围棋中的一种特殊情况，指的是双方棋子互相包围，形成对杀，由于公气的存在，最后谁都无法杀死对方。这种特殊情况就被称为"双活"。双活属于活棋的一种，分为无眼双活、有眼双活两种情况。

● **无眼双活**

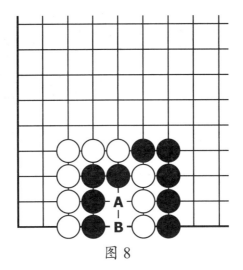

图 8

图 8：黑白双方互相包围，形成对杀。A、B 位是双方的公气，无论谁走进去都会被对方提掉。所以局部的结果是"双活"。因对杀的两块棋均无眼位，因此也叫"无眼双活"。

● **有眼双活**

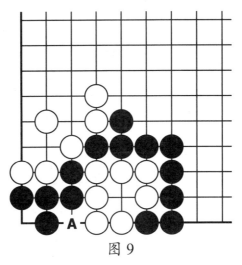

图 9

图 9：黑白双方互相包围，形成对杀。A 位是双方的公气，无论谁走进去都会被对方提掉。所以局部的结果是"双活"。因对杀的两块棋均有眼位，因此也叫"有眼双活"。

第五章

围棋胜负规则

围棋规则的核心是围棋胜负的计算，在中国围棋规则中，地多者胜。本章我们将通过分辨双方棋盘上的领地，进而通过学习中国围棋规则中的数子法来判断胜负。

5.1　目

　　棋盘中黑白双方各自围住的交叉点就是自己的领地，领地的多少按"目"计算，"目"是领地的计量单位。一个空着的交叉点等于1目，有对方死子的交叉点等于2目。

　　学习目标： 认识围棋领地的计量方法。

　　重点知识： 一个空着的交叉点等于1目，一个死子等于2目。

5.1.1　无死子的领地

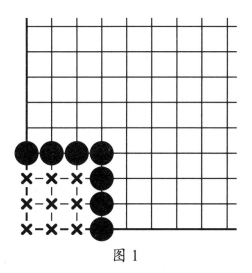

图 1

图1：× 标记的交叉点是黑棋的领地，领地一共有9目。

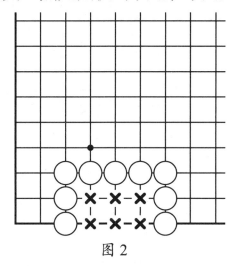

图 2

图2：× 标记的交叉点是白棋的领地，领地一共有6目。

5.1.2 有死子的领地

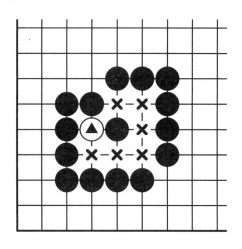

图 3

图 3：× 标记的交叉点是黑棋的领地，同时由于▲标记的白棋是死子，所以这个区域也算作黑棋的领地，一个空着的交叉点等于 1 目，一个死子等于 2 目，因此黑棋的领地一共有 8 目。

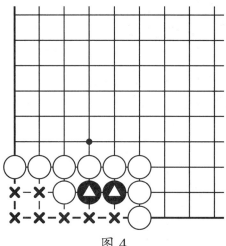

图 4

图 4：× 标记的交叉点是白棋的领地，同时由于▲标记的黑棋是死子，所以这个区域也算作白棋的领地，一个空着的交叉点等于 1 目，一个死子等于 2 目，因此白棋的领地一共有 11 目。

5.1.3 未包围的领地

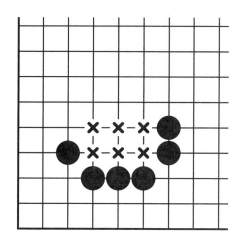

图 5

图 5：黑棋没有完全围住 × 标记的交叉点，因此 × 标记的交叉点不能算作黑棋的领地。

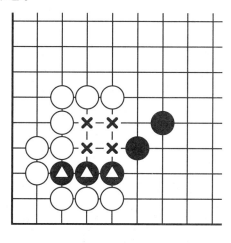

图 6

图 6：白棋没有完全围住 × 标记的交叉点，也没有吃掉▲标记的黑棋，因此 × 和▲标记的位置都不能算作白棋的领地。

5.2 完整的领地

一盘棋在终局时黑白双方都需要围出完整的领地。除此之外，领地与领地之间的交叉点叫作"单官"，单官也需要下完，这样整盘棋才算结束。

学习目标：认识完整的领地与单官。

重点知识：围出完整的领地。

5.2.1 围出完整的领地

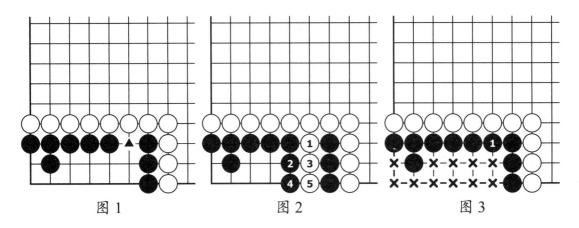

图1　　　　　　　图2　　　　　　　图3

图1：▲标记的位置是黑棋领地的缺陷。图2：白棋先下在1位，黑棋无法抵抗，这样黑棋被白棋吃掉了三个子，同时黑棋角上的领地也大大缩减。图3：黑棋下在1位才可以围成完整的领地，领地一共有11目。

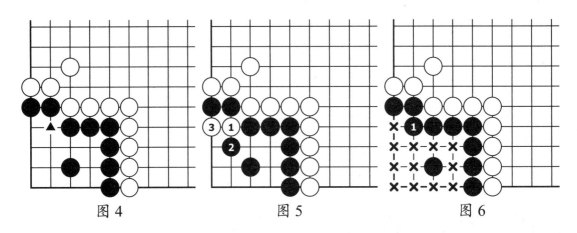

图4　　　　　　　图5　　　　　　　图6

图4：▲标记的位置是黑棋领地的缺陷。图5：白棋在1位打吃，抓住了黑棋的缺陷，这样黑棋被白棋吃掉两个子，同时黑棋角上的领地也减少了。图6：黑棋下在1位才可以围成完整的领地，领地一

共有 12 目。

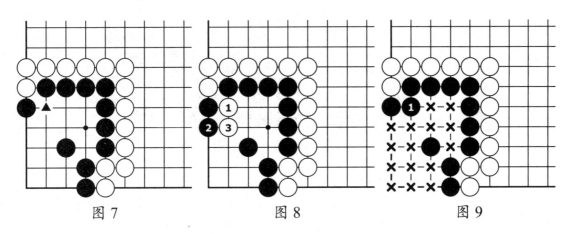

图 7　　　　　　　　图 8　　　　　　　　图 9

图 7：▲标记的位置是黑棋领地的缺陷。图 8：白棋在 1 位打吃，黑 2 如果企图逃跑，则会被白 3 继续压在二线打吃，这样黑棋只会越死越多，领地也遭到了严重破坏。图 9：黑棋下在 1 位才可以围成完整的领地，领地一共有 15 目。

5.2.2　单官

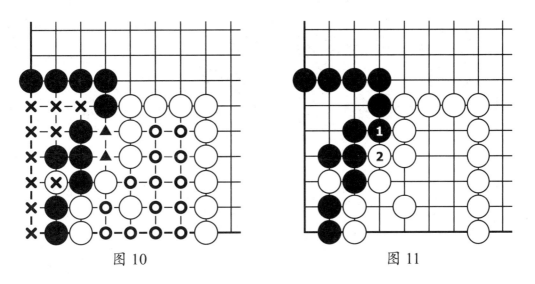

图 10　　　　　　　　　　图 11

图 10：× 标记的位置是黑棋的领地，○标记的位置是白棋的领地，黑白双方的领地都已围完整。▲标记的位置是黑棋领地与白棋领地之间的交界，称为"单官"。图 11：黑 1 和白 2 都是单官，虽然没有目数，但需要在终局下完，下完所有单官后整盘棋才算结束。

5.2.3 终局

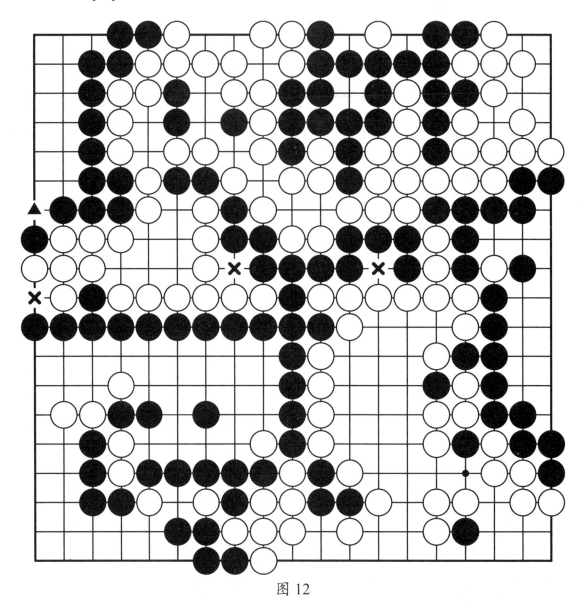

图 12

图 12：▲标记的位置是黑棋领地的缺陷，× 标记的位置是单官。黑白双方要全部下完这盘棋才算结束。

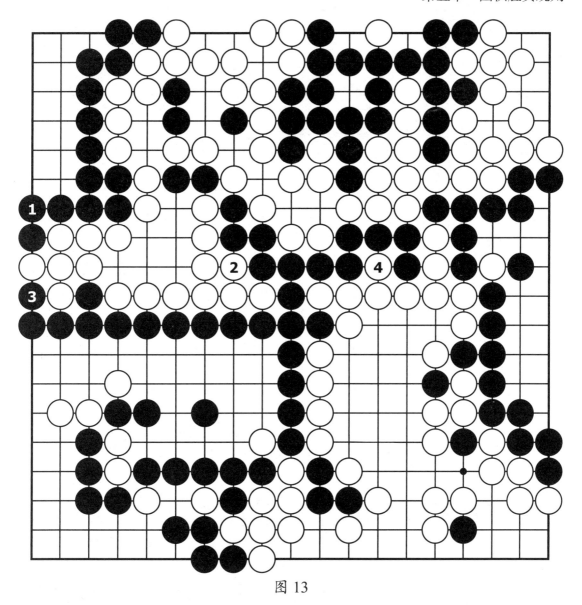

图 13

图 13：黑 1 需要先将自己的领地围完整，之后白 2、黑 3、白 4 下完单官，这样这盘棋才结束。下节我们再通过学习中国围棋规则中的数子法来判断终局胜负。

5.3 中国围棋规则——数子法

在中国围棋规则中，对局结束后采用数子法来计算胜负，具有先行优势的黑棋需贴还 3 又 3/4 子。数子时，首先将双方死子清理出棋盘外，再对任意一方的活棋和活棋围住的交叉点以子为单位计数。
最终黑棋 184 子以上获胜（不包括 184 子），白棋 177 子获胜。

学习目标： 认识数子法，黑棋 184 子以上获胜，白棋 177 子获胜。

重点知识： 终局数子时清理棋盘上的死子。

5.3.1 清理死子

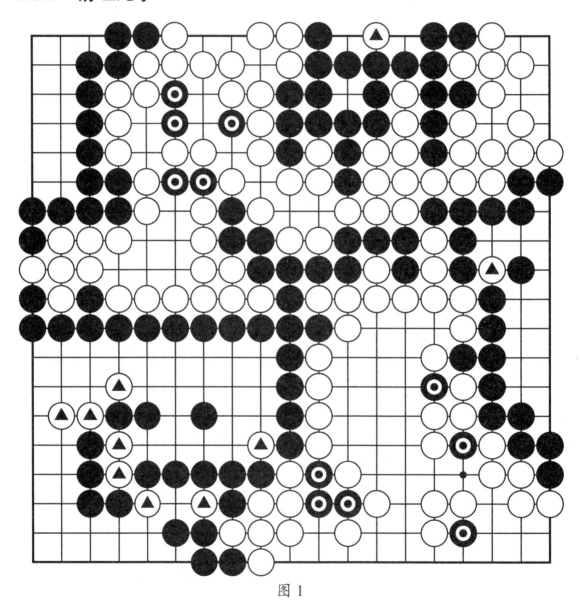

图 1

图 1：黑白双方的领地都已围完整，同时单官也全部下完。此时
○标记的黑棋是白棋领地当中的死子，▲标记的白棋是黑棋领地当

中的死子，数子前需要把所有死子都清理出棋盘外。

5.3.2　数子

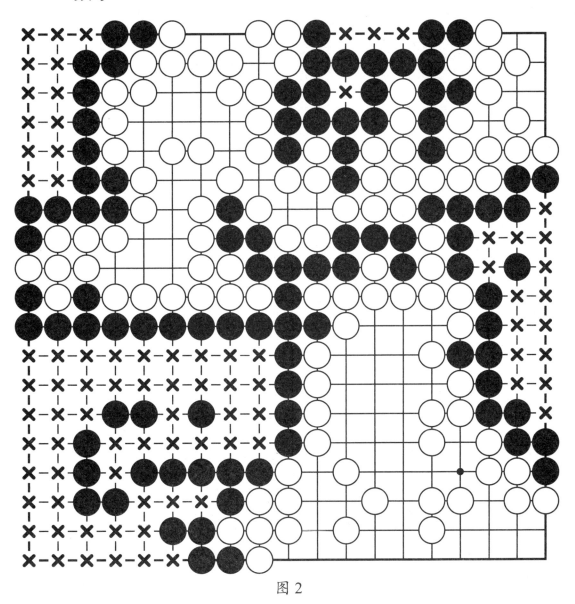

图 2

图 2：清理死子后，选择一方数子。图中我们以黑棋为例，把
× 标记的黑棋领地交叉点数与棋盘上的所有黑棋子数相加，结果等
于 184 子，黑棋负。（黑棋 184 子以上才能获胜）

第六章

布局

　　一局棋一般由布局、中盘、官子三个阶段构成，布局作为一局棋的初始阶段，奠定了整个棋局的脉络。本章我们将学习布局的基本棋理和常用下法。

6.1　子效

围棋真正的魅力并不在于吃对方多少子，而在于棋盘上运用各种谋略，在双方的对垒中占据地盘优势。对局者就像一位将领，在棋盘上指挥着每一颗棋子，棋子就是将领的士兵，随着将领的排兵布阵，士兵占据的地盘越大，获胜的概率就越高。排兵布阵就是行棋方法，如何能发挥出棋子最大的效率就是获胜的关键。

学习目标： 学会使用尖、飞、跳行棋。

重点知识： 子效高的行棋下法有尖、飞、跳。

6.1.1　行棋的思维误区

初学者在下棋过程中，经常有一个行棋的思维误区，就是喜欢棋子一个挨着一个下。

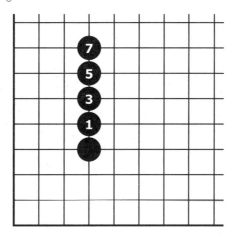

图 1

图 1：虽然黑棋每个子都连接在一起，比较安全，但是棋盘空间巨大，棋子一个挨着一个下，行棋速度过于缓慢，围空效率过低。

6.1.2   子效高的行棋方法

● 尖：在己方棋子斜侧一路行棋。

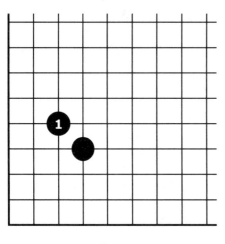

图 2   图 3

图 2："尖"，也称"小尖"，是一种非常坚固的行棋方法。白棋无法分断黑棋两子。图 3：一个棋子有 4 个方向可以走出尖的棋形，棋盘上 A、B、C、D 位都是尖的位置。

● 跳：在己方棋子同一直线隔一路行棋。

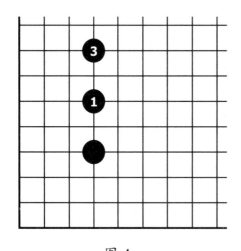
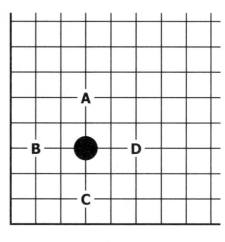

图 4   图 5

图 4："跳"，也称"小跳"，是一种效率较高的行棋方法。图 5：一个棋子有 4 个方向可以走跳的棋形，棋盘上 A、B、C、D 位都

是跳的位置。

> ● 飞：在己方棋子形成"日字形"的位置行棋。

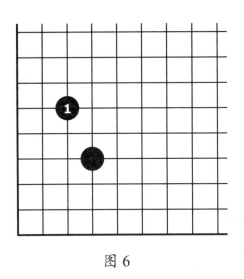

图 6

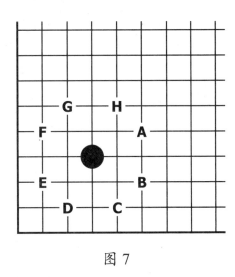

图 7

图 6："飞"，也称"小飞"，行棋速度快，且有向一方倾向的趋势。图 7：一个棋子会有很多不同方向的飞，棋盘上 A、B、C、D、E、F、G、H 位都是飞的位置。

6.2　金角银边草肚皮

"金角银边草肚皮"是一句经典的围棋谚语。其含义是，在棋盘上不同位置落子，棋子位置不同其效率也不同，角上最易围成空，边上次之，中央最不易围空。此谚语实际上是用通俗的语言向初学者表述围棋的棋理。

学习目标：认清棋盘上的线，下出不同方位的占角。

重点知识：角上最易围成空，边上次之，中央最不易围空。

6.2.1　棋盘上的角、边、中央

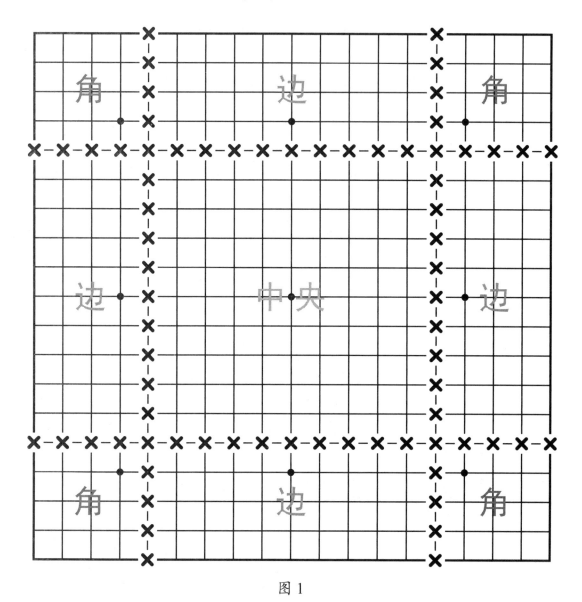

图 1

图 1：整个棋盘被划分为 4 个角，4 个边以及一个中央区域。×标记了各自的区域范围。

6.2.2　金角银边草肚皮

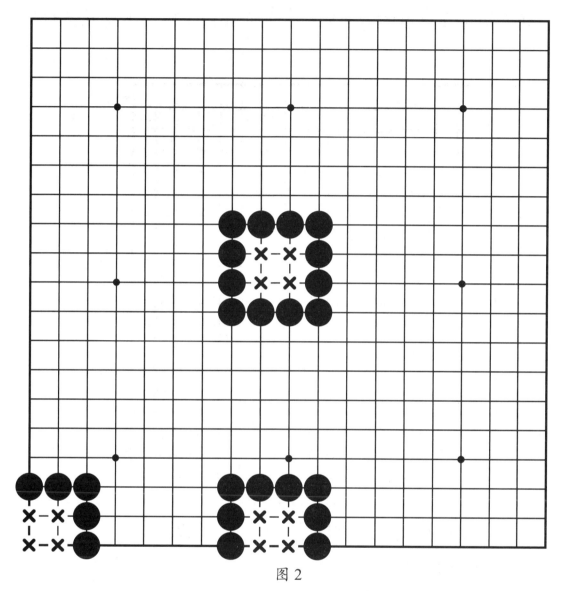

图 2

图 2：我们在角上、边上、中央同样围住 4 目棋。角上用了 5 颗棋子，边上用了 8 颗棋子，中央用了 12 颗棋子。由此可见，围同样多的目数，在角上用的棋子最少，其次是边上，而中央用的最多。棋子用得越少，表示棋子效率越高。所以，在行棋的过程中，应该优先去占角，然后走边，最后走中央。

6.2.3　棋盘上的线

角和边都在棋盘的一至四线，下面我们了解一下这几条线的特点。

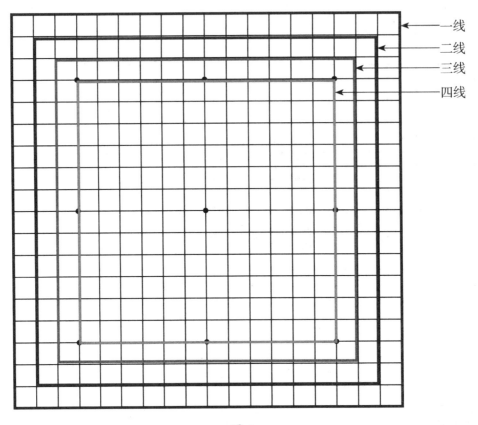
一线
二线
三线
四线

图 3

图 3：数线时，应从最靠近边线的地方开始数。

一线称为死亡线。因为走在一线上，棋子的气都很少，容易被吃掉，所以，开局时一般不会下在一线。

二线称为失败线。虽然比一线安全很多，但是围空的效率比较低，布局初期很少会下在这里。

三线称为实地线，是非常适合围空的线，布局阶段棋子经常会下在三线。

四线称为势力线。在这一线行棋既能围空，又可以兼顾中央，也是布局阶段经常会下的线。

6.2.4 占角方法

通过前面的学习，我们知道了在角上的围空效率最高，所以在布局阶段，我们就要优先抢占角部。下面我们将学习几种常见的占角方法。

● **星位占角**

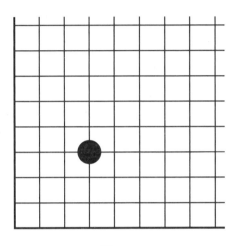

图 4

图 4：星位占角是最常用的占角方式之一，它距离两边都是四线，在占角的同时还可兼顾势力的发展。

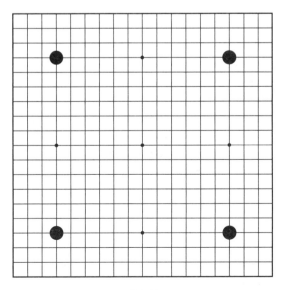

图 5

图5：棋盘上一共有4个星位占角的位置。

● 小目占角

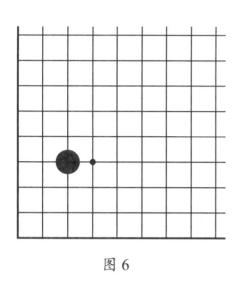 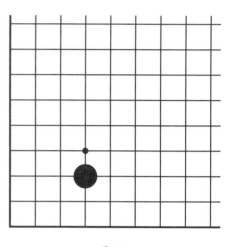

图6   图7

图6～图7：小目占角也是很常用的占角方式。它的位置在三、四线交汇的地方，既是实地线，也是势力线。所以小目占角的特点是势地均衡。在一个角部，有两种不同方向的小目占角。

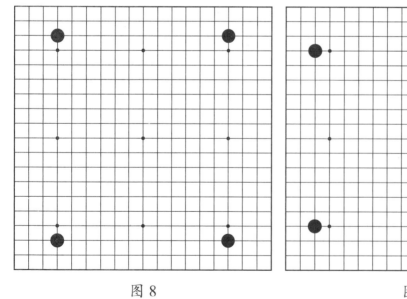

图8   图9

图8～图9：棋盘上一共有8个小目占角。

● **三三占角**

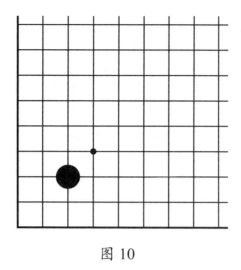

图 10

图 10：三三占角也是一种占角方式，它横竖两边都位于三线。因为处在实地线，所以比较偏重实地。

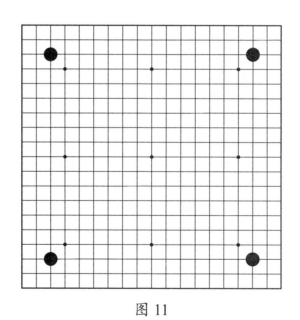

图 11

图 11：棋盘上一共有 4 个三三占角。

不同的占角方式有不同的特点，喜欢实地的可以选择小目、三三占角；喜欢发展势力的可以选择星位占角。不同的占角方式会演变出不同的后续定式下法，形成各式各样的精彩棋局。

6.3 守角与挂角

角部是棋盘上围空效率最高的地方，也是开局双方的必争之地。本节我们将介绍角部的常见攻防手段——守角与挂角。

学习目标： 找到正确的守角、挂角位置。

重点知识： 己方的守角位置也是对方的挂角位置。

6.3.1 守角

"守角"指的是和己方占角一子相互配合，一起守护角部地盘的防守下法。通过上节课我们了解到，棋盘上角部最容易围空，但仅凭占角一手棋，还不足以将整个角部守住，我们还需要再下一手棋守角。

● 星位小飞守角

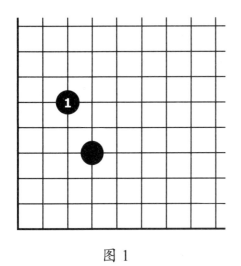 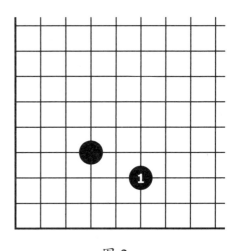

图 1　　　　　　　　　　图 2

图 1 ~ 图 2：星位小飞守角是星位占角时比较常见的守角方式。保护角部实地的同时向外发展。每个星位占角的位置会有两种不同方向的小飞守角。

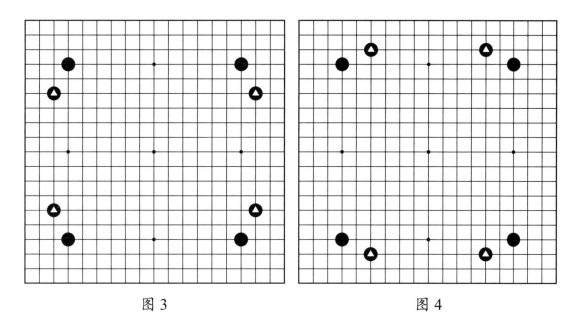

图 3　　　　　　　　　　　　　　　　图 4

图 3 ～图 4：棋盘上一共有 8 种不同方向的小飞守角。

● **星位单关守角**

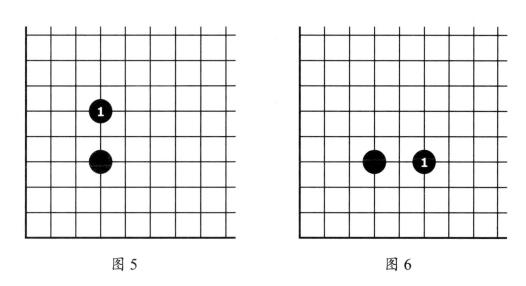

图 5　　　　　　　　　　　　　　　　图 6

图 5 ～图 6：围棋术语中的"关"是指与己方已有棋子隔一路行棋，和跳大致相同。星位单关守角也是比较常见的守角方式，和小飞守角相比更为注重外势的发展，但角部防守能力相对弱一点。每个星位会有两种不同方向的单关守角。

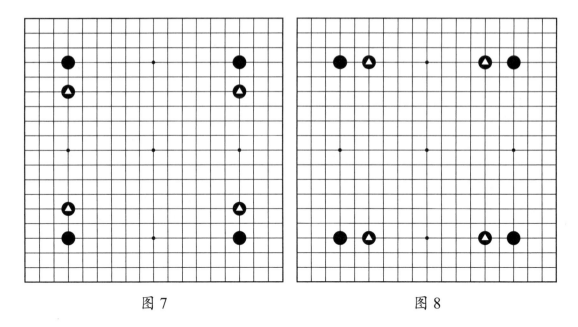

图 7   图 8

图 7～图 8：棋盘上一共有 8 种不同方向的星位单关守角。

● 小目小飞守角

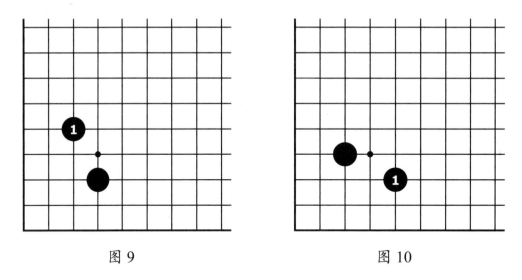

图 9   图 10

图 9～图 10：小目小飞守角是小目占角时最常用的守角方式。因为它对角部的保护非常坚固，对方很难再侵入角部，所以这种守角方式也被称为"无忧角"。每个小目只有一个方向的小飞守角。

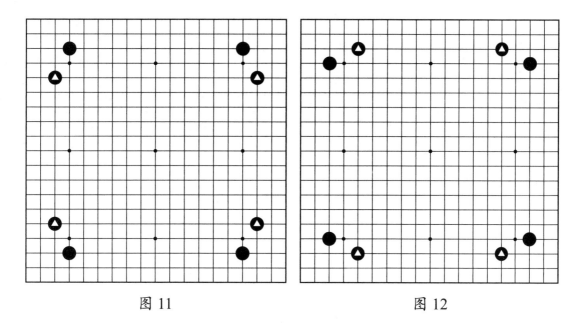

图 11　　　　　　　　　　　　　　　图 12

图 11 ~ 图 12：在不同角上，小目的方向不同，小飞守角的方向也相应不同。

● 小目单关守角

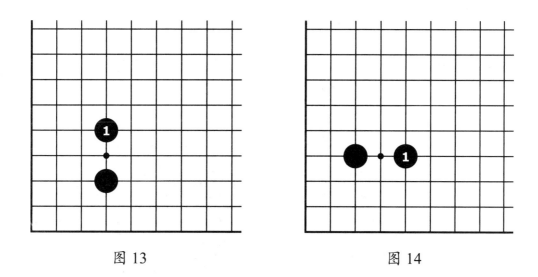

图 13　　　　　　　　　　　　　　　图 14

图 13 ~ 图 14：小目单关守角也是比较常见的守角方式。与小目小飞守角相比，小目单关守角更为注重外势的发展，但角部防守能力相对弱一点。

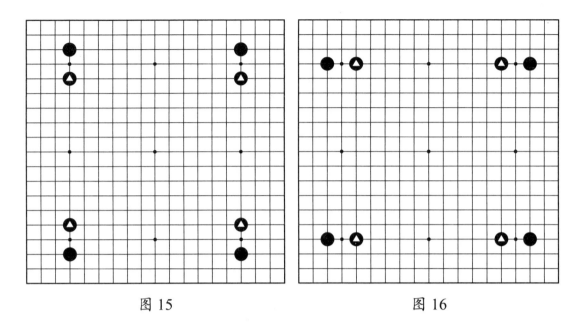

图 15   图 16

图 15 ~ 图 16：在不同角上，小目的方向不同，单关守角的方向也相应不同。

6.3.2 挂角

在对方守角的相应位置落子，防止角部进一步被对方守住的下法，称为"挂角"。

● 星位小飞挂角

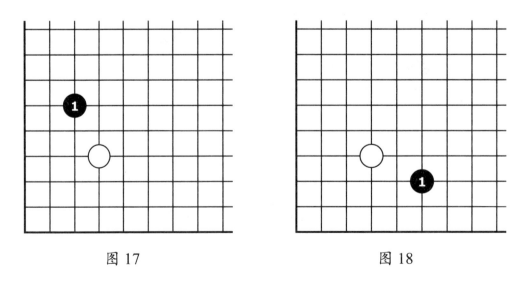

图 17   图 18

图 17 ~ 图 18：在对方三线小飞处挂角的方式叫作"小飞挂角"，

也叫作"低挂"。星位小飞挂角是最常见的星位挂角方式，可以限制对方发展。同一个角可以从两个方向挂角。

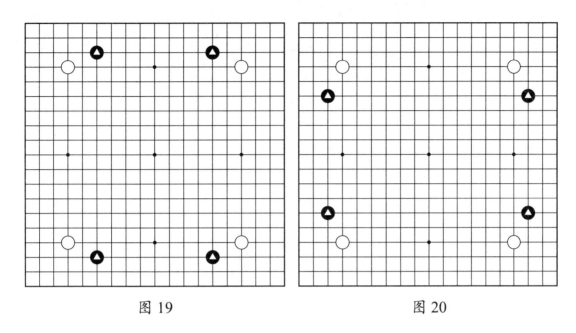

图 19　　　　　　　　　　　　图 20

图 19 ~ 图 20：4 个角有 8 种不同方向的小飞挂角。

● **小目小飞挂角**

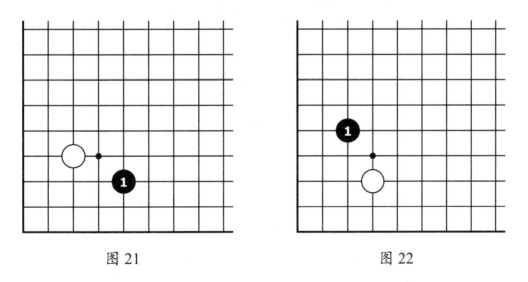

图 21　　　　　　　　　　　　图 22

图 21 ~ 图 22：对方小目占角时，同样可以使用小飞挂角。在同一个角部，不同的小目占角，会有不同的挂角方向。

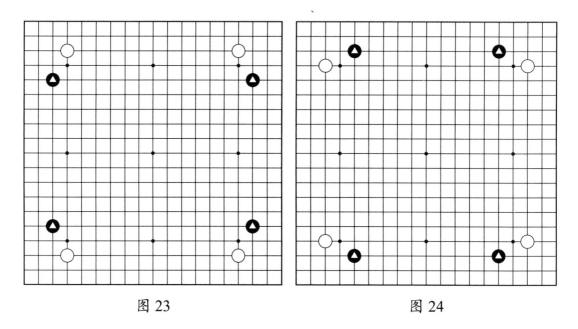

图 23   图 24

图 23 ~ 图 24：4 个角有 8 种不同方向的小目小飞挂角。

● **小目高挂**

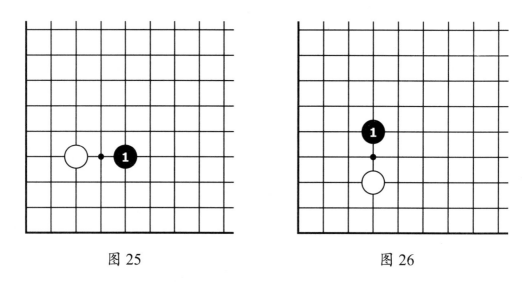

图 25   图 26

图 25 ~ 图 26：在对方单关守角处挂角的方式叫作"小目高挂"。在同一个角部，不同的小目占角，会有不同的挂角方向。

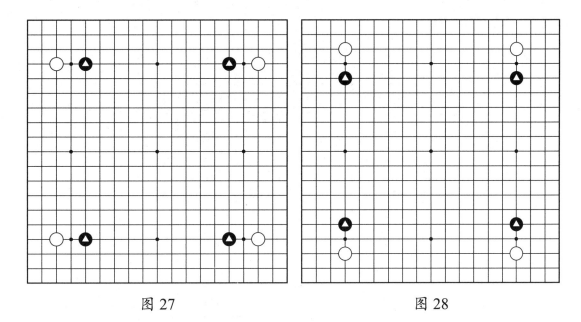

图 27   图 28

图 27 ~ 图 28：4 个角有 8 种不同方向的小目高挂。

高挂的挂角方式，一般只应用于对方小目占角的情况。因为两种挂角方式相比，小飞挂角位置较低，易在以后入侵对方角部。而高挂更重视限制对方角部未来的发展，相应地对对方角部实地威胁较小。所以当对方星位占角时一般不会选择高挂，原因是同处四线不易破坏对方角部。

6.4   拆边

我方占角后，为了与我方棋子形成配合，走在边路的三线或四线上扩张地盘的下法叫作"拆边"。

学习目标： 能够下出边星附近的拆边，以及拆二和拆三。

重点知识： 常用的拆边方式有边星附近的拆边，拆二，拆三。

6.4.1　边的区域

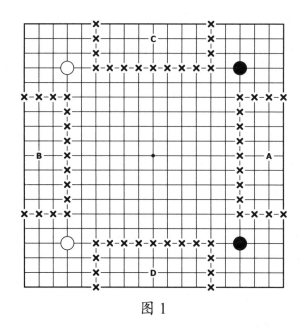

图 1

图 1：× 标记包围的区域就是棋盘上"边"的区域范围，棋盘上一共有 4 条边。标记 A 的区域是黑棋的边，标记 B 的区域是白棋的边，标记 C、D 的区域是双方的公共边。

6.4.2　拆边方式

拆边需要注意两个方面，一是线路，二是间距。通常拆边都下在三线或四线上，三线拆边简称"低拆"，四线拆边简称"高拆"。拆边的主要方式有在边星附近的拆边，还有拆二和拆三。下面我们来学习一下常见的拆边方式。

● 边星附近的拆边

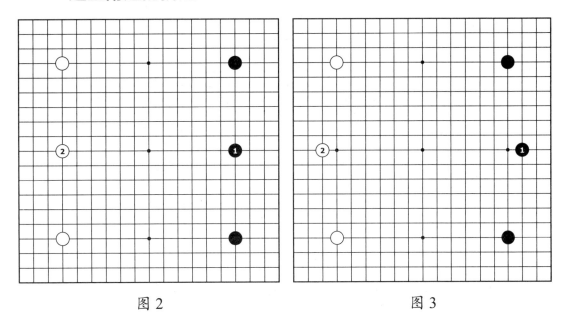

图 2   图 3

图 2：黑 1、白 2 走在了四线上拆边。图 3：黑 1、白 2 走在了三线上拆边。图 2、图 3 的棋形属于边星附近的拆边，这种拆边方式适用于相邻两边都有我方占角棋子，可以相互配合的局面。

● 拆二

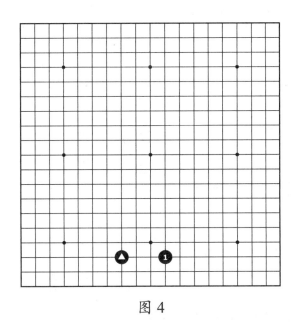

图 4

图 4：黑 1 在与我方三线黑▲间隔二路在三线落子，这种拆边方

式就叫作"拆二"。拆二可以快速地建立根据地。

● 拆三

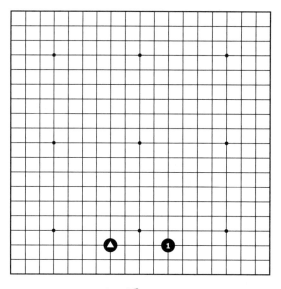

图 5

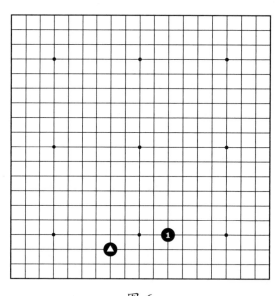

图 6

图 5：黑 1 下在了与我方黑▲间隔三路的三线位置上，这种拆边方式就叫作"拆三"。图 6：黑 1 下在了与我方黑▲间隔三路的四线位置上，这种拆边方式叫作"斜拆三"。拆三和拆二相比，间距远一路，优点是行棋速度更快，缺点是没有拆二坚固。

6.5　分投

分投是指在布局阶段，进入对方边上的势力范围，并将对方的阵营一分为二，这种手段在围棋术语中叫作"分投"。分投的主要作用是为了防止对方形成过大的势力范围或构成过大的地盘。

学习目标： 找到正确的分投选点。

重点知识： 分投通常走在对方边上势力范围内居中位置的三线上。

6.5.1　分投的选点

分投通常走在对方边上势力范围内居中位置的三线上，尽量选择分投后两边还留有拆二空间的选点。

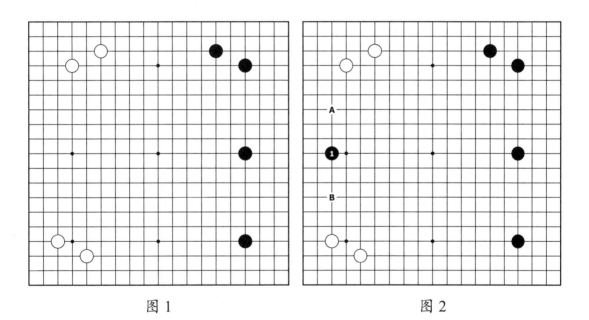

图 1　　　　　　　　　　　　　　　图 2

图 1：白棋在左边形成了无忧角和星位小飞守角的布局，如果白棋再走到边星附近的拆边，就会在左边形成巨大的阵势。图 2：黑 1 是破坏白棋阵势的绝佳分投选点。分投后 A 位、B 位分别留有拆二空间，黑棋很容易在边上建立自己的根据地，不用担心受到对方攻击。

6.5.2 逼

"逼"是指当对方棋子在我方势力范围内，我方想要对其进攻时，可拆在与对方棋子隔一路或两路的位置，限制对方拆边。

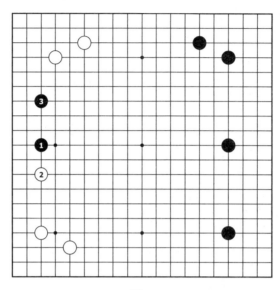

图 3

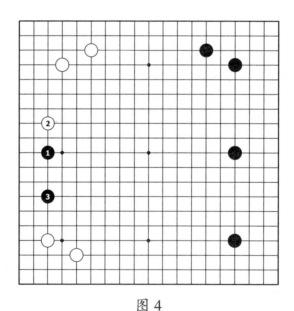

图 4

图 3 ~ 图 4：白 2 逼是常用来应对分投的手段，主要作用在于限制对方拆边。所以相应地，我方在分投时，也需要考虑被对方逼住后，是否留有拆二的安定空间。

6.6　星位小飞定式

定式是指布局阶段双方在角部的争夺中，按照一定行棋次序，选择比较合理的下法，最终形成双方大体安定、利益均等的基本棋形。其中星位小飞定式是最经典的星位定式，一般作为初学者学习的第一个定式。

学习目标： 按照正确次序走出星位小飞定式。

重点知识： 定式的基本下法，四角八变。

6.6.1　星位小飞定式

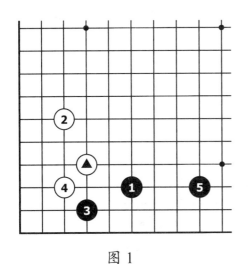 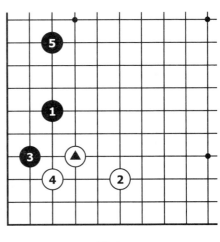

图 1　　　　　　　　　　　　　图 2

图 1 ~ 图 2：白▲星位占角，黑 1 小飞挂角，白 2 小飞守角，黑 3 小飞进角，白 4 尖三三，黑 5 拆二，这就是星位小飞定式的基本下法。白棋守住角部，黑棋也在边上获得了实地，双方都可以满意。一个星位占角有两个挂角方向，所以定式在一个角部也有两个方向的下法。

6.6.2　定式的四角八变

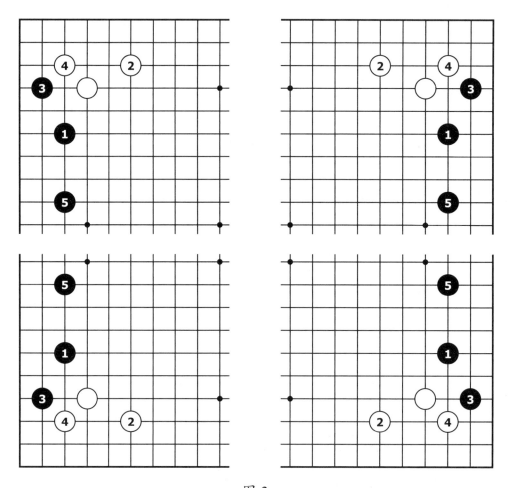

图 3

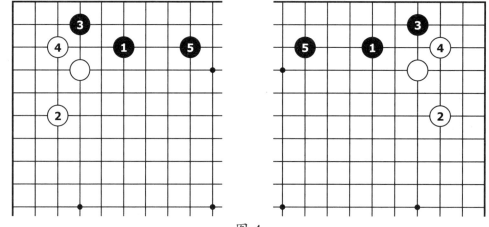

图 4

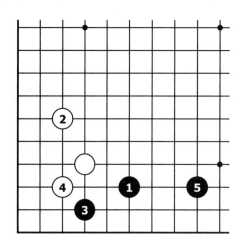
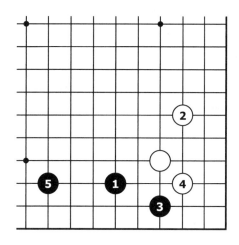

图 4（续）

图 3 ~ 图 4：星位占角有两个挂角方向，4 个角部的星位就有 8 个挂角方向，最终形成 8 个不同方向的定式，这被称为定式的"四角八变"。

6.7　尖顶定式

尖顶定式同样是经典的角部定式。星位和小目都有尖顶定式的下法。

学习目标：按照正确次序走出星位尖顶定式、小目尖顶定式。

重点知识：星位尖顶定式、小目尖顶定式。

6.7.1　星位尖顶定式

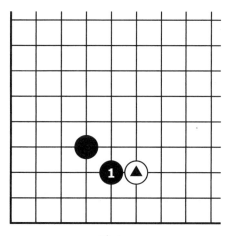

图 1

图 1：白▲小飞挂角后，黑 1 这手棋就叫作"尖顶"。小尖行棋的同时又顶住了白棋，意在阻止白棋入侵角部。

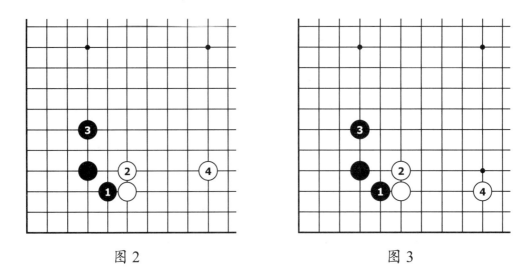

图 2　　　　　　　　　　　图 3

图 2 ~ 图 3：白 2 长，黑 3 跳，白 4 拆三，行至白 4 就是星位尖顶定式的基本下法。黑棋守住了角部，白棋也在边上得到了发展，双方大致两分。白 4 可以选择图 2 高拆三，也可以选择图 3 低拆三。

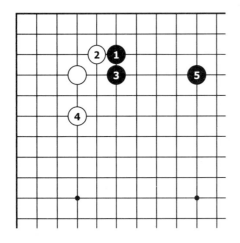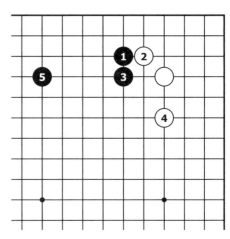

图 4

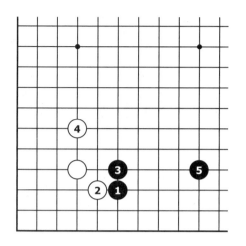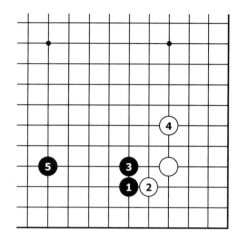

图 4（续）

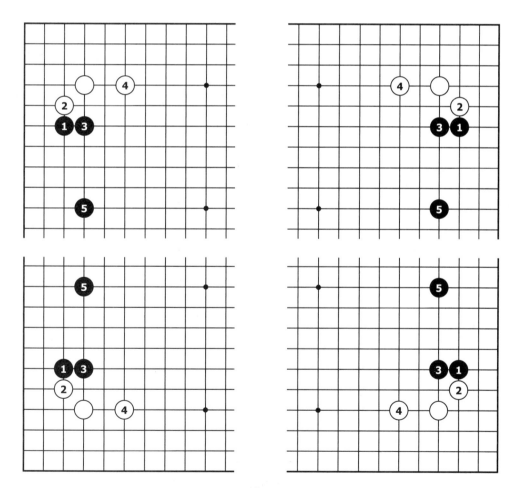

图 5

图 4～图 5：星位尖顶定式同样是"四角八变"，不同的挂角方向，

会形成不同方向的定式。

6.7.2 小目尖顶定式

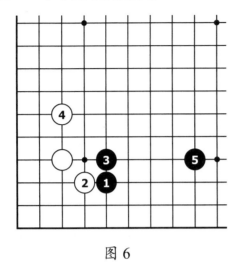 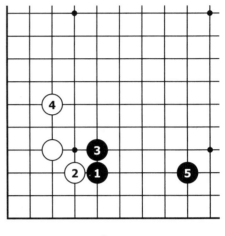

图 6   图 7

图 6～图 7：黑 1 小飞挂角，白 2 尖顶，黑 3 长，白 4 跳，黑 5 拆三，行至黑 5 就是小目尖顶定式的基本下法。小目尖顶定式和星位尖顶定式具体招法一样，两者唯一的区别就是线路不同。黑 5 可以选择图 6 高拆三，也可以图 7 低拆三。

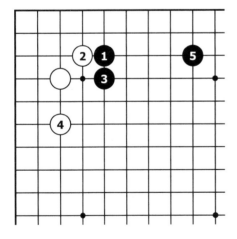 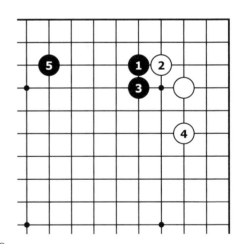

图 8

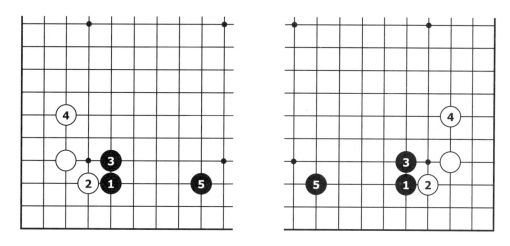

图 8（续）

图 8：一个小目占角，只有一个方向的小飞挂角，所以只有一个小目尖顶定式。

第七章

基础死活

死活是围棋中的重要技术之一，也是考验计算力最直接的方式。对初学者而言，一盘棋的胜负往往由局部死活所决定。本章我们通过学习做活、杀棋基本方法，活形、死形等基本棋形，来帮助大家提升死活计算水平。

7.1 真眼与假眼

由一方棋子围成的交叉点，叫作"眼"。眼有真假之分，真眼不会被对方破坏，一块棋有两只真眼才是活棋。

学习目标：认识真眼与假眼。

重点知识：找到不同位置眼位的眼角。

7.1.1 眼

眼是由一方棋子围成的交叉点。

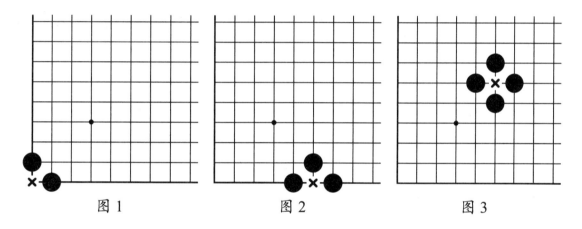

图1　　　　　　　　图2　　　　　　　　图3

图1～图3：×标记的交叉点分别是黑棋角上、边上、中间的眼。

7.1.2 眼角

保护眼位的要点即为"眼角"。

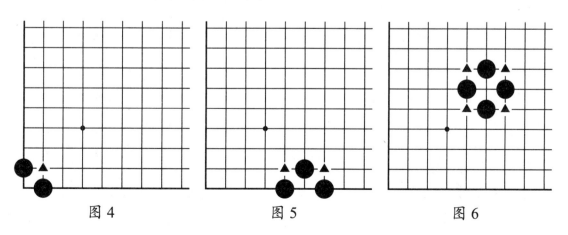

图4　　　　　　　　图5　　　　　　　　图6

图 4：▲标记的位置是黑棋角上眼位的眼角，角上眼位有一个眼角。图 5：▲标记的位置是黑棋边上眼位的眼角，边上眼位有两个眼角。图 6：▲标记的位置是黑棋中间眼位的眼角，中间眼位有 4 个眼角。

7.1.3　真眼

占据一半以上眼角的眼就是真眼。

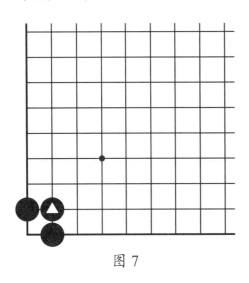

图 7

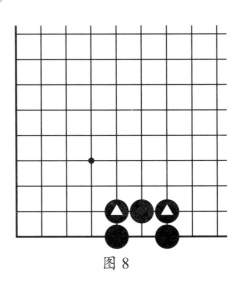

图 8

图 7：角上的眼只有一个眼角，黑棋占据了▲标记的眼角，所以是真眼。

图 8：边上的眼有两个眼角，黑棋占据了▲标记的全部眼角，所以是真眼。

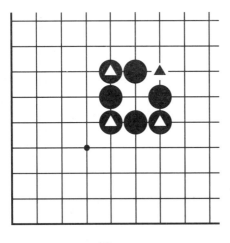

图 9

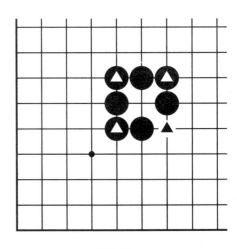

图 10

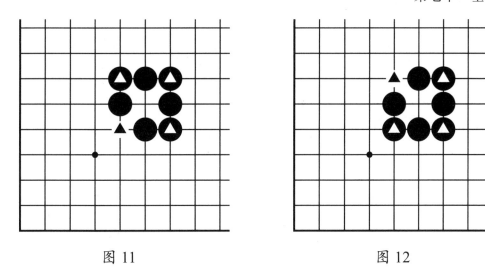

图 11　　　　　　　　　　　　　图 12

图 9 ~ 图 12：中间的眼有 4 个眼角，黑棋只要占据▲标记的 3 个眼角，眼角占比超过一半，就是真眼。

7.1.4　假眼

未占据一半以上眼角的眼就是假眼。

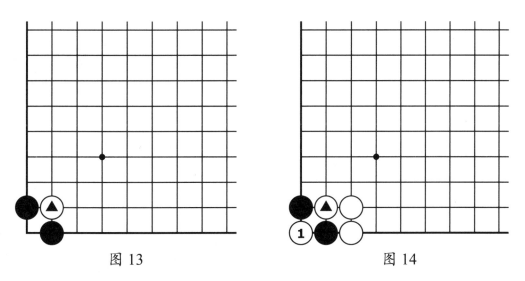

图 13　　　　　　　　　　　　　图 14

图 13：黑棋▲标记的眼角被白棋占据，所以黑棋角上的眼是假眼。图 14：黑棋被白棋包围，白 1 还可以提子。

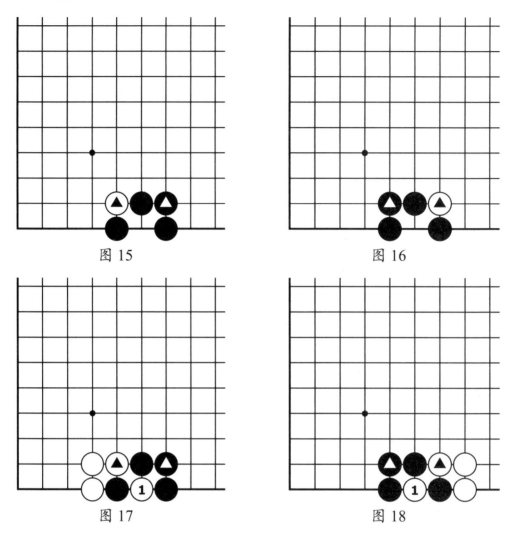

图 15   图 16

图 17   图 18

图 15 ~ 图 16：黑棋两个▲标记的眼角被白棋占据了一个，所以黑棋边上的眼是假眼。图 17 ~ 图 18：黑棋被白棋包围，白 1 还可以提子。

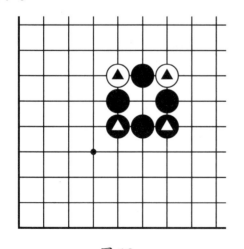

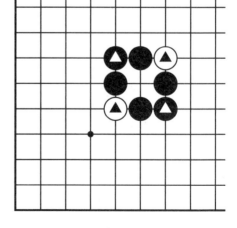

图 19   图 20

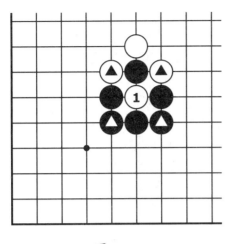

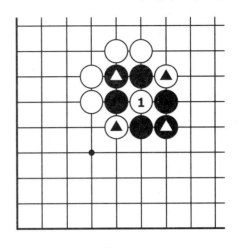

图 21 图 22

图 19 ~ 图 20：黑棋 4 个▲标记的眼角被白棋占据了两个，所以黑棋中间的眼是假眼。图 21 ~ 图 22：黑棋被白棋包围，白 1 还可以提子。

7.2 活棋与死棋

一块棋有两只真眼，就是"活棋"，反之则是"死棋"。活棋即使被对方包围，也不会被吃掉。

学习目标：认识活棋，活棋有两只真眼，不会被对方吃掉。

重点知识：找到需要做眼或破眼的重要眼位。

7.2.1 做眼活棋

当我方棋子被对方包围时，做出两只真眼就能活棋。

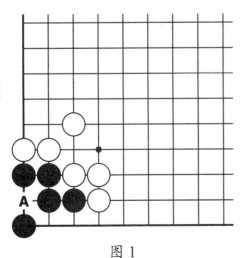

图 1 图 2

图1：黑棋 A 位有一只真眼，需要再做一只真眼才能活棋。图2：黑1做出另一只眼，这样有 A、B 两只真眼，成功活棋。

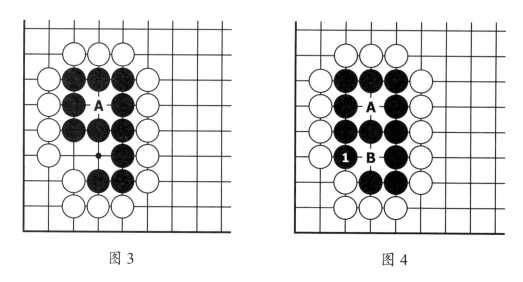

图3   图4

图3：黑棋 A 位有一只真眼，需要再做一只真眼才能活棋。图4：黑1做出另一只眼，这样有 A、B 两只真眼，成功活棋。

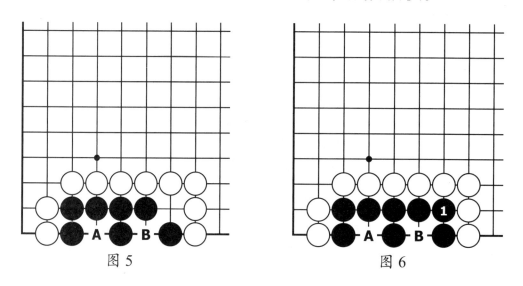

图5   图6

图5：黑棋有 A、B 两只眼，但只有 A 是真眼。图6：黑1占据眼角，做出另一只真眼，这样有 A、B 两只真眼，成功活棋。

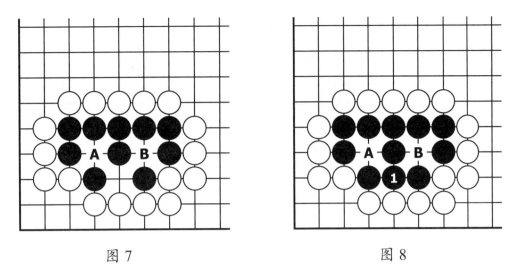

图 7   图 8

图 7：黑棋有 A、B 两只眼，但目前都不是真眼。图 8：黑 1 同时占据 A、B 两只眼的眼角，这样使 A、B 都成为真眼，成功活棋。

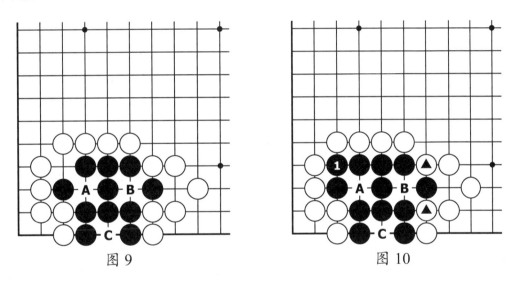

图 9   图 10

图 9：黑棋有 A、B、C 三只眼，但目前只有 C 是真眼。图 10：B 的两个眼角已经被白▲占据，所以 B 是假眼。此时，黑 1 占据 A 的眼角是活棋的正解。

7.2.2　破眼杀棋

当我方棋子包围对方棋子时，破坏对方的眼位使对方不能做出两只真眼是杀棋的关键。

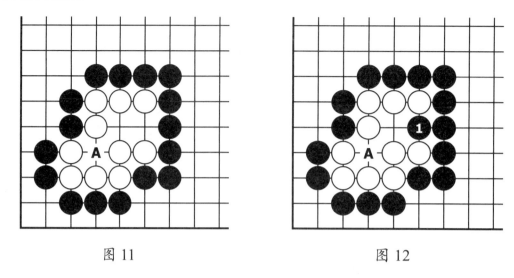

图 11   图 12

图 11：白棋 A 位有一只真眼，目前没有活棋。图 12：黑 1 直接破眼，这样白棋无法做出第二只真眼，黑棋杀棋成功。

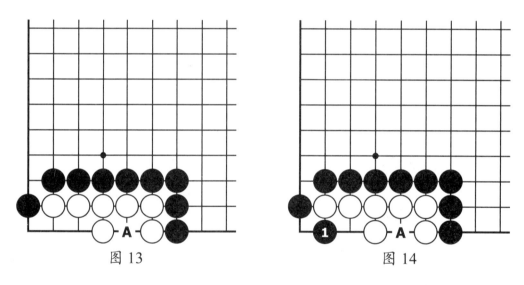

图 13   图 14

图 13：白棋 A 位有一只真眼，目前没有活棋。图 14：黑 1 直接破眼，这样白棋无法做出第二只真眼，黑棋杀棋成功。

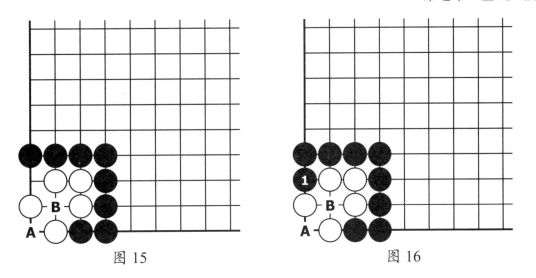

图 15　　　　　　　　　　　　　图 16

图 15：白棋有 A、B 两只眼，但目前只有 A 是真眼。图 16：黑 1 占据 B 的眼角，这样白棋无法做出第二只真眼，黑棋杀棋成功。

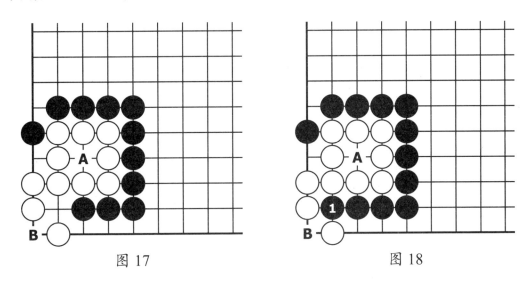

图 17　　　　　　　　　　　　　图 18

图 17：白棋有 A、B 两只眼，但目前只有 A 是真眼。图 18：黑 1 占据 B 的眼角，这样白棋无法做出第二只真眼，黑棋杀棋成功。

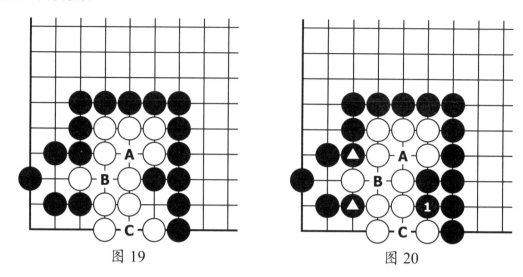

图 19   图 20

图 19：白棋有 A、B、C 三只眼，但目前只有 A 是真眼。图 20：B 的两个眼角已经被黑▲占据，所以 B 是假眼。此时，黑 1 占据 C 的眼角是杀棋的正解。

7.3　活棋常形

即使对方先下，我方也能两眼做活的棋形就是活形。常见的活形有：直四、弯四、闪电四。

学习目标： 认识直四、弯四、闪电四是活形。

重点知识： 活形被破眼后也能做出两只真眼。

7.3.1　直四

由 4 个交叉点连成直线的棋形，叫作"直四"。

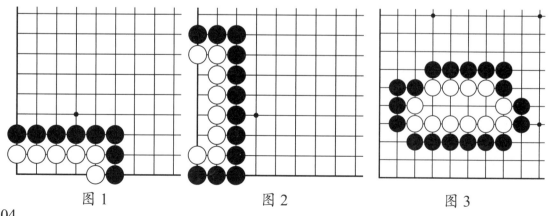

图 1   图 2   图 3

图 1 ~ 图 3：白棋分别是角上、边上、中间直四的标准形。

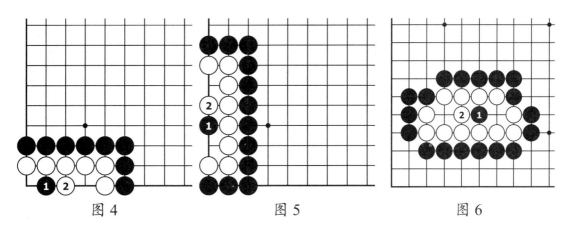

图 4   图 5   图 6

图 4 ~ 图 6：黑棋无论走在哪里破眼，白棋只要打吃做眼后就有两只真眼，所以直四是活形。

7.3.2 弯四

由 4 个交叉点组成类似字母"L"的棋形，叫作"弯四"。

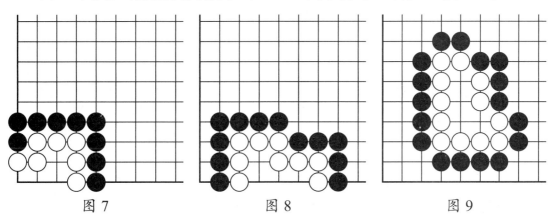

图 7   图 8   图 9

图 7 ~ 图 9：白棋分别是角上、边上、中间弯四的标准形。

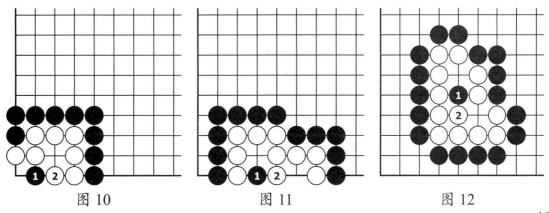

图 10   图 11   图 12

图 10 ~ 图 12：黑棋无论走在哪里破眼，白棋只要打吃做眼后就有两只真眼，所以弯四是活形。

7.3.3 闪电四

由 4 个交叉点组成类似闪电的棋形，叫作"闪电四"。

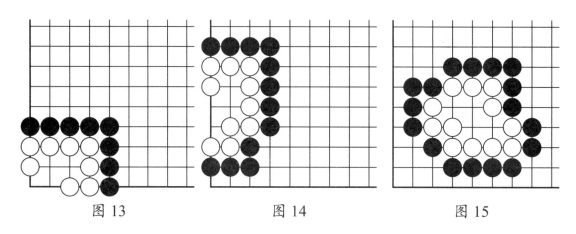

图 13　　　　　图 14　　　　　图 15

图 13 ~ 图 15：白棋分别是角上、边上、中间闪电四的标准形。

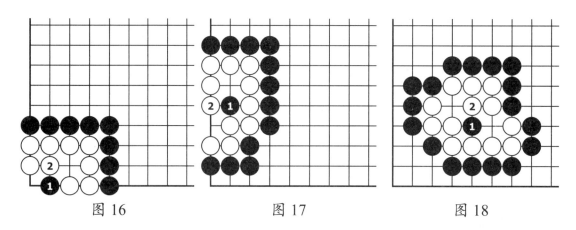

图 16　　　　　图 17　　　　　图 18

图 16 ~ 图 18：黑棋无论走在哪里破眼，白棋只要打吃做眼后就有两只真眼，所以闪电四是活形。

7.4　死棋常形

一块棋被对方棋子包围，对方先下后，我方无法两眼做活，这样的棋形就是死形。常见的死形有：直三、弯三、丁四、刀把五、梅花五、葡萄六、方四。这里方四比较特殊，因为即使我方先下也无法做活。

学习目标：认识直三、弯三、丁四、刀把五、梅花五、葡萄六、方四是死形。

重点知识：死形被点后无法做出两只真眼。

7.4.1 直三

由三个交叉点连成直线的棋形，叫作"直三"。

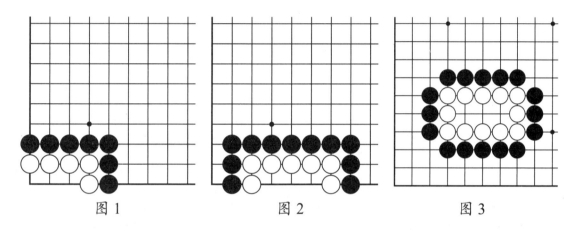

图 1 ~ 图 3：白棋分别是角上、边上、中间直三的标准形。

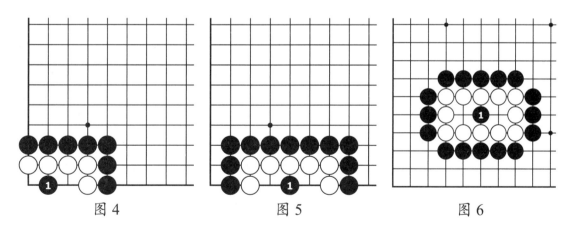

图 4 ~ 图 6：黑 1 点在白棋中间，白棋无法两眼活棋，所以直三是死形。

7.4.2 弯三

由三个交叉点连在一起的非直线棋形，叫作"弯三"。

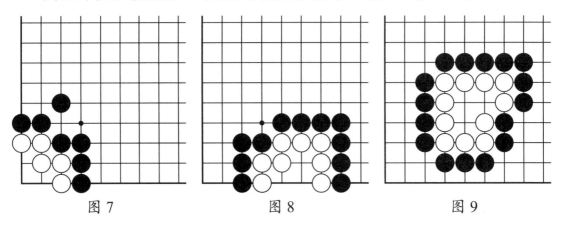

图7 图8 图9

图7～图9：白棋分别是角上、边上、中间弯三的标准形。

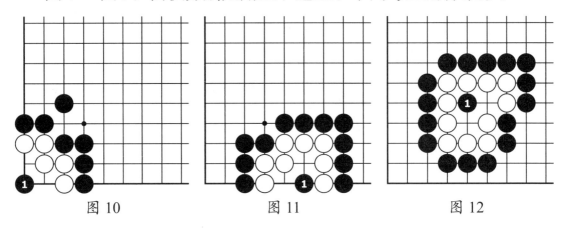

图10 图11 图12

图10～图12：黑1点在白棋中间，白棋无法两眼活棋，所以弯三是死形。

7.4.3 丁四

由4个交叉点组成类似钉子的棋形，叫作"丁四"。

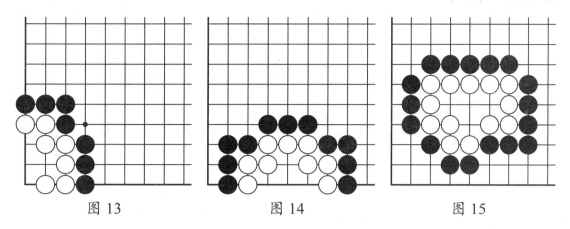

图 13　　　　　　　　　图 14　　　　　　　　　图 15

图 13 ～图 15：白棋分别是角上、边上、中间丁四的标准形。

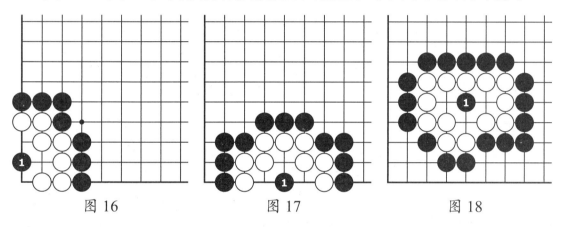

图 16　　　　　　　　　图 17　　　　　　　　　图 18

图 16 ～图 18：黑 1 点在白棋中间，白棋无法两眼活棋，所以丁四是死形。

7.4.4　刀把五

由 5 个交叉点组成类似一把刀的棋形，叫作"刀把五"。

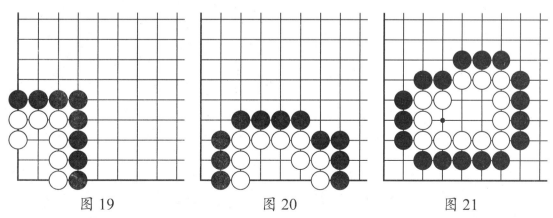

图 19　　　　　　　　　图 20　　　　　　　　　图 21

图 19 ～图 21：白棋分别是角上、边上、中间刀把五的标准形。

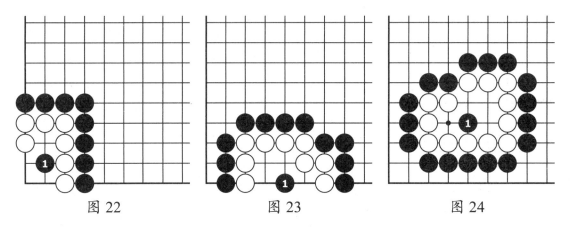

图 22   图 23   图 24

图 22 ~ 图 24：黑 1 点在白棋中间刀把处，白棋无法两眼活棋，所以刀把五是死形。

7.4.5 梅花五

由 5 个交叉点组成类似一朵梅花的棋形，叫作"梅花五"。

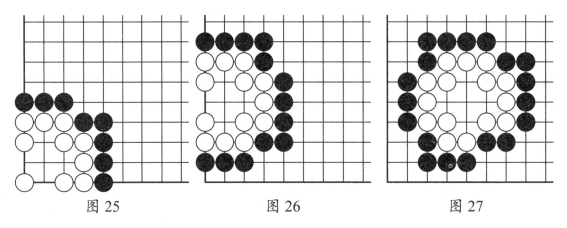

图 25   图 26   图 27

图 25 ~ 图 27：白棋分别是角上、边上、中间梅花五的标准形。

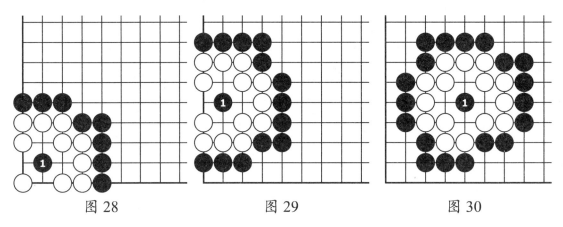

图 28   图 29   图 30

图 28 ~ 图 30：黑 1 点在白棋中间，白棋无法两眼活棋，所以梅花五是死形。

7.4.6　葡萄六

由 6 个交叉点组成类似一串葡萄的棋形，叫作"葡萄六"。

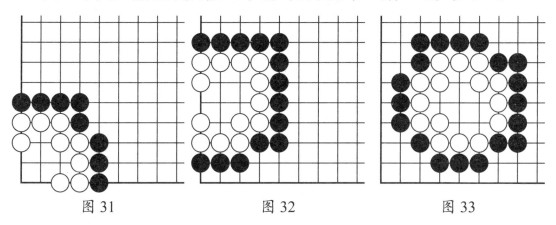

图 31　　　　　　　图 32　　　　　　　图 33

图 31 ~ 图 33：白棋分别是角上、边上、中间葡萄六的标准形。

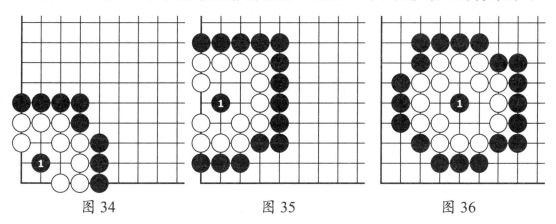

图 34　　　　　　　图 35　　　　　　　图 36

图 34 ~ 图 36：黑棋点在白棋中间，白棋无法两眼活棋，所以葡萄六是死形。

7.4.7　方四

由 4 个交叉点组成的方块棋形，叫作"方四"。

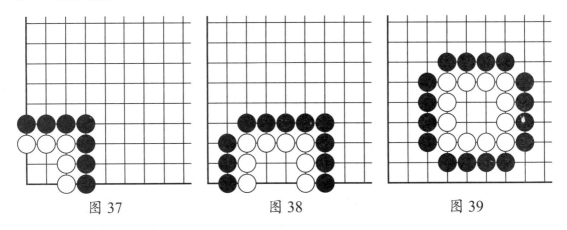

图 37   图 38   图 39

图 37 ～图 39：白棋分别是角上、边上、中间方四的标准形。

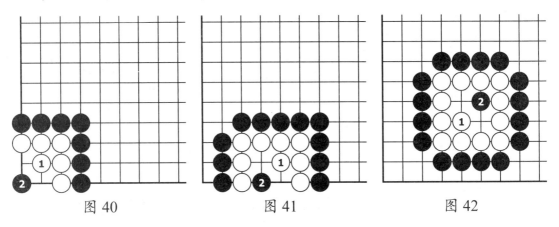

图 40   图 41   图 42

图 40 ～图 42：即使白棋先下，无论走在哪里也无法两眼做活，所以方四是死形。

7.5　聚杀

在对方做眼的空间里，我方把棋子聚在一起，形成方四、丁四、刀把五、梅花五、葡萄六的死形，让对方无法两眼做活，这种杀棋的方法叫作"聚杀"。

学习目标：认识聚杀是一种通过弃子使对方变成死形的杀棋方法。

重点知识：点在眼形的中间杀棋。

7.5.1　方四聚杀

将自身下成方四的棋形，对方提子后也无法做活。

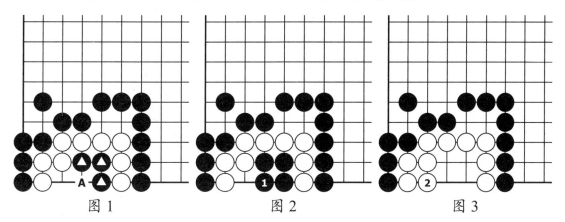

图1　　　　　　　　　图2　　　　　　　　　图3

图1：▲标记的黑棋只有 1 口气，白棋下在 A 位提子就能做活。

图2：黑 1 将自身团成方四棋形。图3：白 2 提掉黑棋四子后，黑棋脱先，白棋也无法两眼做活。

7.5.2　丁四聚杀

将自身下成丁四的棋形，对方提子后，我方点在对方眼形中间杀棋。

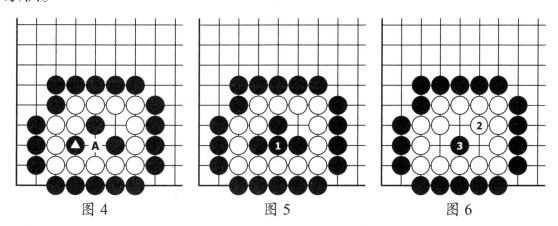

图4　　　　　　　　　图5　　　　　　　　　图6

图4：▲标记的黑棋只有 1 口气，白棋下在 A 位提子就能做活。

图5：黑 1 将自身粘成丁四棋形。图6：白 2 提掉黑棋四子后，黑 3 点在白棋眼位中间，白棋无法两眼做活。

7.5.3　刀把五聚杀

将自身下成刀把五的棋形，对方提子后，我方点在对方眼形中间杀棋。

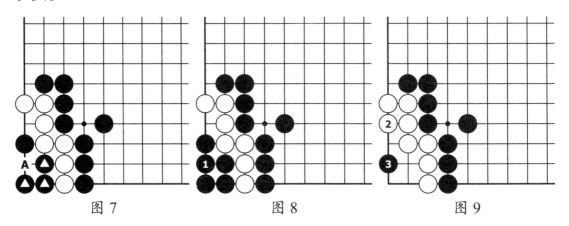

图 7　　　　　　　　　图 8　　　　　　　　　图 9

图 7：▲标记的黑棋只有 1 口气，白棋下在 A 位提子就能做活。

图 8：黑 1 将自身粘成刀把五棋形。图 9：白 2 提掉黑棋五子后，黑 3 点在白棋眼位中间，白棋无法两眼做活。

7.5.4　梅花五聚杀

将自身下成梅花五的棋形，对方提子后，我方点在对方眼形中间杀棋。

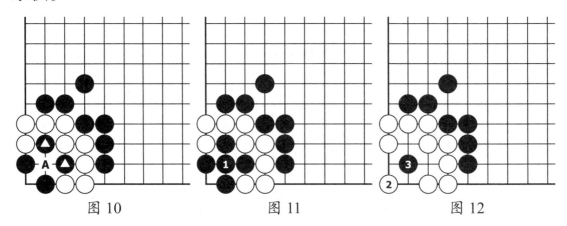

图 10　　　　　　　　图 11　　　　　　　　图 12

图 10：▲标记的黑棋只有 1 口气，白棋下在 A 位提子就能做活。

图 11：黑 1 将自身粘成梅花五棋形。图 12：白 2 提掉黑棋五子后，

黑 3 点在白棋眼位中间，白棋无法两眼做活。

7.5.5　葡萄六聚杀

将自身下成葡萄六的棋形，对方提子后，我方点在对方眼形中间杀棋。

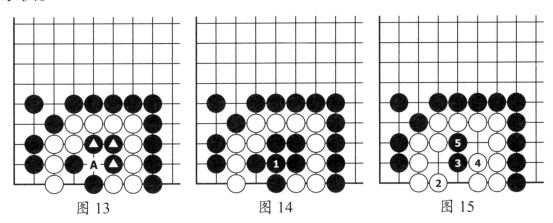

图 13　　　　　　　　　图 14　　　　　　　　　图 15

图 13：▲标记的黑棋只有 1 口气，白棋下在 A 位提子就能做活。图 14：黑 1 将自身粘成葡萄六棋形。图 15：白 2 提掉黑棋六子后，黑 3 点在白棋眼位中间，白 4 企图做眼，黑 5 继续破眼，最终白棋依旧无法做活。

7.6　双活

在之前的对杀章节中我们已经学习过双活的基础知识，其实在死活变化中也有双活的情况出现。当出现双活时，杀棋一方无法使用聚杀，活棋一方也不能继续紧气吃子，因此双活是活棋。

学习目标： 认识死活中的双活是活棋。

重点知识： 当死活中出现双活时，杀棋一方无法使用聚杀，活棋一方也不能继续紧气吃子。

死活中的双活

双活在死活中属于活棋。

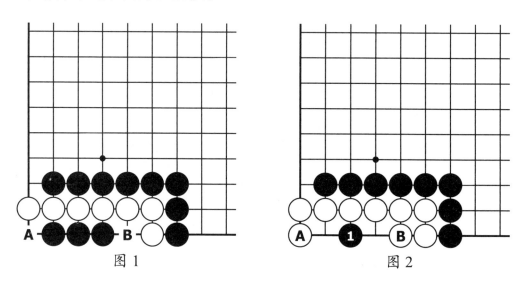

图1 图2

图1：死活中的标准双活棋形之一。黑白双方都不应该再在A、B处落子。图2：白棋如果在A、B处落子提掉对方，将会形成直三的死形，黑1点在中间，白棋无法做活。

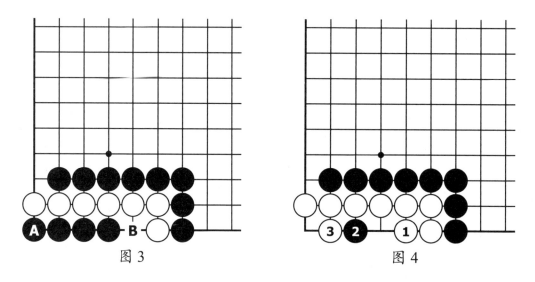

图3 图4

图3：黑棋如果在A位或者B位落子不能形成聚杀。图4：白1提掉黑棋后形成直四的活形，黑2无论如何破眼，白3都能两眼做活。

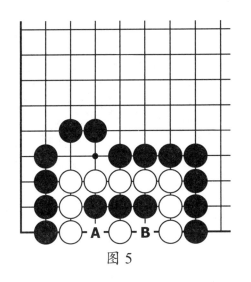

图 5

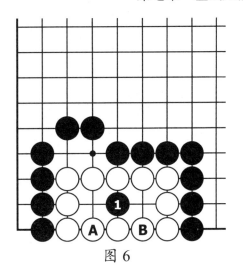

图 6

图 5：死活中的标准双活棋形之一。黑白双方都不应该再在 A、B 处落子。图 6：白棋如果在 A、B 处落子提掉对方，将会形成直三的死形，黑 1 点在中间，白棋无法做活。

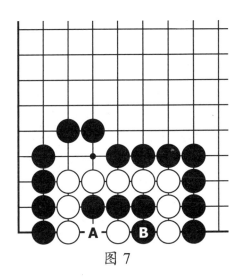

图 7

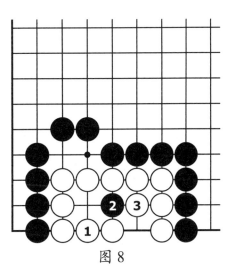

图 8

图 7：黑棋如果在 A 位或者 B 位落子不能形成聚杀。图 8：白 1 提掉黑棋后形成弯四的活形，黑 2 无论如何破眼，白 3 都能两眼活棋。

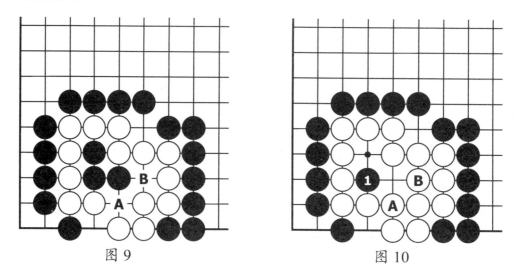

图 9   图 10

图9：死活中的标准双活棋形之一。黑白双方都不应该再在 A、B 处落子。图10：白棋如果在 A、B 处落子提掉对方，将会形成弯三的死形，黑1点在中间，白棋无法做活。

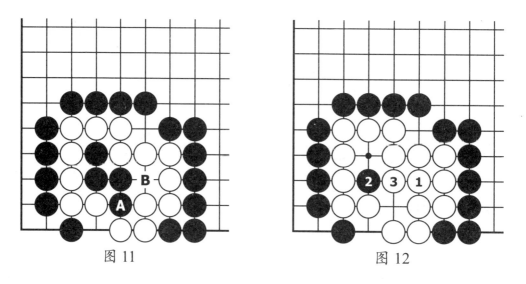

图 11   图 12

图11：黑棋如果在 A 位落子不能形成聚杀。图12：白1提掉黑棋后形成闪电四的活形，黑2无论如何破眼，白3都能两眼做活。

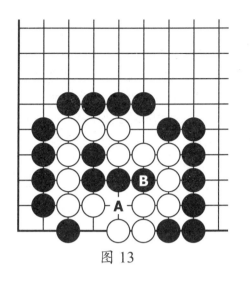

图 13

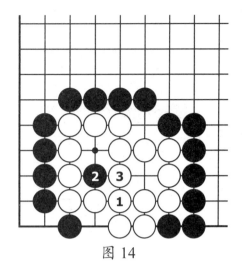

图 14

图 13：黑棋如果在 B 位落子也不能形成聚杀。图 14：白 1 提掉黑棋后形成弯四的活形，黑 2 无论如何破眼，白 3 都能两眼做活。

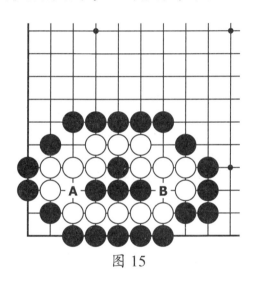

图 15

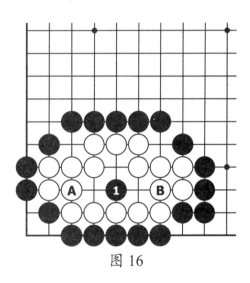

图 16

图 15：死活中的标准双活棋形之一。黑白双方都不应该再在 A、B 处落子。图 16：白棋如果在 A、B 处落子提掉对方，将会形成丁四的死形，黑 1 点在中间，白棋无法做活。

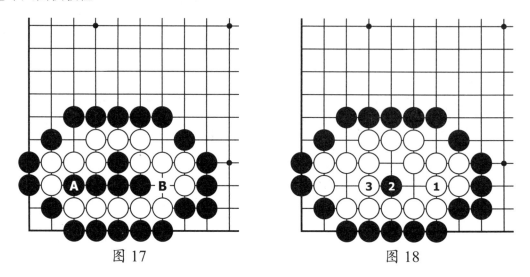

图 17   图 18

图 17：黑棋如果在 A 位或 B 位落子不能形成聚杀。图 18：白 1 提掉黑棋后，黑 2 无论如何破眼，白 3 都能两眼做活。

作者简介

谢少博

职业二段
国家级运动健将

2005 年　全国围棋定段赛女子组第二名定为
初段，2007 年升为二段

2005 年　全国少年围棋锦标赛女子组冠军

2008 年　中国国家围棋队女子选拔赛第五名

2009 年　第一届全国智力运动会围棋男女
混双组亚军

2011 年　第二届全国智力运动会围棋男女
混双组第四名

2012 年　"应氏杯"全国大学生围棋锦标赛
女子职业组冠军、团体冠军

2013 年　"应氏杯"全国大学生围棋锦标赛
女子职业组亚军、团体亚军

2014 年　"应氏杯"全国大学生围棋锦标赛
女子职业组亚军、团体冠军

2019 年　第四届全国智力运动会围棋专业
（职业）女子团体组第六名

孙冠群
职业初段
国家级运动健将

2013 年　第一届"怀安杯"全国业余围棋公开赛女子第一名

2013 年　第一届"瑞奇国藩杯"全国业余围棋公开赛女子第一名

2015 年　第三届全国智力运动会围棋业余女子组铜牌

2017 年　城市围棋联赛冠军衢州队队员

2021 年　第 14 届全运会围棋混双公开组第 8 名